2022年 农业植物新品种保护发展报告

农业农村部植物新品种保护办公室
农 业 农 村 部 科 技 发 展 中 心 编

中国农业出版社
北　京

目录

正文附图

正文附表

第一章　进展成效

一、品种权受理审查

2022年共受理农业植物新品种权申请11 199件，同比增长15.20%，申请量再创新高，连续6年位居世界第一，申请总量达到62 636件。全年共授予农业植物新品种权3 375件，同比增长4.88%，授权总量达到23 101件。继续参与良种重大科研联合攻关项目实施，全年共123个攻关项目品种进入受理审查。

全年共下达申请保护品种特异性、一致性、稳定性（DUS）集中测试任务6 172个品种，同比下降33.6%，其中，有性繁殖5 459个，无性繁殖713个；提取测试繁殖材料8 000余份；完成166个品种的现场考察，同比下降30.5%；审查测试报告5 406份，同比增长28.2%，其中品种保护测试报告3 778份，委托测试报告1 628份，为品种授权、审定和登记提供有力的技术支撑。

二、品种权复审、法律服务、品种权质押备案

2022年收到植物新品种复审案件15件，审理复审案件22件，作出复审决定18件。受理植物新品种权异议纠纷案件35件，结案19件。应对“农麦168”等3件复审行政诉讼案件，不断提高依法行政水平。截至2022年，共办理84项品种权的质押备案，企业以品种权质押贷款金额5.231亿，有效破解育种科创企业融资难题。

三、体系建设

（一）法规制度建设

一是推进《中华人民共和国种子法》（简称《种子法》）落地，特别推进实质性派生品种（以下简称“EDV”）制度的实施。召开种子法实施座谈会，全国人大常委会副委员长吉炳轩，中央农村工作领导小组主任、农业农村部党组书记、部长唐仁健出席会议并讲话，会议强调，要利用多种平台载体加强宣传普及，营造学法尊法、守法用法的良好氛围，加大执法检查力度，强化部门间统筹协调，推动《种子法》落实落地（图1）。召开种子法实

施与种业知识产权保护研讨会，来自司法、行政、管理、服务、法学界和科学界的专家学者围绕新《种子法》实施，就植物新品种保护制度完善、法律救济、审查测试、品种鉴定，海南自由贸易港种业知识产权保护、应用与制度创新等领域的相关问题进行报告和研讨（图2）。推进EDV制度落地，成立“EDV实施专项工作推进组”，围绕EDV制度的落地，制定工作实施方案、步骤，谋划专家委员会的遴选，拟订鉴定机构的遴选条件，加快推进EDV鉴定标准研制和判定指南的起草。二是推进《中华人民共和国植物新品种保护条例》（简称《条例》）等条例修订。《种子法》修改通过后，开展《条例》修订工作，多次组织研讨，形成《条例》修订（征求意见稿），于2022年11月22日以部文件正式对外征求意见。三是编写权威教材。配合全国人大农业与农村委员会、全国人大常委会法工委编制《中华人民共和国种子法导读（修订版）》（图3）、《植物新品种保护法律制度》（图4）、《种子法释义》书籍，编制《实质性派生品种制度知识问答》（图5），形成了一套权威性新品种保护解读课件、教材。四是梳理受理审查流程，提高审查质量，统一审查尺度，修订完善审查指南，加强品种分子鉴定新技术应用研究，推动新技术辅助新品种审查。

图1　种子法实施座谈会

图2　种子法实施与种业知识产权保护研讨会

图3　《中华人民共和国种子法导读（修订版）》

图4　《植物新品种保护法律制度》

图5　《实质性派生品种制度知识问答》

（二）体系建设

在审查体系方面，海南自由贸易港农业植物新品种审查协作中心正式揭牌，标志着全国首家农业植物新品种审查协作中心正式运行（图6）。在项目建设方面，推进徐州中心建设及功能发挥，国家植物品种测试徐州中心建设项目可研报告通过专家评审，列入《“十四五”农业农村部直属单位条件能力建设规划》；顺利完成测试中心种子质量检验机构复评审和扩项，测试中心具备19种作物真实性和8种作物的100个转基因参数检测能力，成为我国农作物种子分子检测领域检测作物和项目范围最广的机构，是我国唯一集“DUS测试、真实性检测和转基因检测”三合一的检测机构（图7），并被农业农村部列入全国首批种业打假护权检验机构（图8）。EDV测试鉴定项目进入中央预算管理项目库，申报成功。在DUS质量管理方面，印发测试机构质量评审所需材料清单（试行），制定测试机构复评审和飞行检查计划，对分中心开展DUS测试复评审和检查；加强自主DUS测试监管，受理87家单位763个品种的自主测试备案，对2020年备案的230个品种开展复核。在指纹数据库方面，组织完成265份转基因成分检测和50份真实性检测，采集玉米、水稻、大豆、西瓜、辣椒等作物6 504份DNA指纹，截至目前，测试中心SSR指纹库包含19种作物近4万份保护样品；依托分子检测实验室，与江汉大学、三亚崖州湾科技城管理局共同完成7 000余份DNA指纹区块链存证平台建设，并于2022年7月底在中国种子大会暨南繁硅谷论坛种业知识产权保护论坛上正式上线（图9）。在行业标准方面，新发布13项国家标准和18项行业标准（表1）；与江汉大学等单位联合开展水稻、小麦等7项EDV检测MNP分子标记法标准研制。

图6　海南自由贸易港农业植物新品种审查协作中心正式挂牌

中华人民共和国农作物种子质量检验机构

合格证书

CHINA ACCREDITED SEED LABORATORY CERTIFICATE

（2022）第001号

检验机构名称：农业农村部植物新品种测试中心

依据《中华人民共和国种子法》和《农作物种子检验机构考核管理办法》的规定，你单位经考核合格，特发此证。

批准的检验项目范围见证书附表，准许在检验报告上使用CASL标志和证书编号。

有效日期：2028年8月31日

发证日期：2022年9月1日

图7　中华人民共和国农作物种子质量检验机构合格证书

农业农村部首批20家种业打假护权检验机构推荐名单

序号	机构名称	法人单位	检验项目范围		通讯地址	邮编	联系电话	联系人
			常规检测项目范围	DNA指纹检测项目范围				
1	农业农村部全国农作物种子质量监督检验测试中心	全国农业技术推广服务中心	扦样、水分、净度、发芽率、真实性和品种纯度（田间小区种植）	玉米、稻和小麦品种真实性SSR	北京市朝阳区麦子店街20号楼	100125	010-59194513	刘丰泽
2	农业农村部植物新品种测试中心	农业农村部科技发展中心		玉米、稻、结球白菜、辣椒品种真实性SSR	北京经济开发区荣华南路甲18号科技大厦	100176	010-59198193	韩瑞玺
3	北京玉米种子检测中心	北京市农林科学院	扦样	玉米、稻、小麦、大豆、高粱、结球白菜、西瓜、黄瓜、辣椒、向日葵品种真实性SSR，番茄品种真实性Indel	北京市海淀区曙光花园中路9号	100097	010-51503350	王凤格
4	北京小麦种子检测中心	北京市农林科学院	扦样	小麦、玉米、稻、高粱、辣椒、黄瓜、西瓜、结球甘蓝、结球白菜、甘薯、向日葵、甘蔗、豌豆、蚕豆品种真实性SSR，番茄品种真实性Indel	北京市海淀区曙光花园中路9号	100097	010-51503966	庞斌双
5	北京蔬菜种子质量监督检验测试中心	北京市农林科学院	扦样、水分、净度、发芽率（豆类、瓜菜类，覆盖包衣种子）；纯度和品种真实性（豆类、瓜菜类）、蔬菜种子健康	番茄、西瓜、结球甘蓝、黄瓜、辣椒、大白菜品种真实性SSR	北京市海淀区曙光花园中路9号	100097	010-51502194	卢 艳
6	北京市种子质量监督检验站	北京市种子管理站	扦样、水分、净度、发芽率、真实性和品种纯度（田间小区种植）	玉米品种真实性SSR	北京市海淀区西直门外上园村甲3号	100081	010-62248650	律宝春
7	河北省农作物种子质量检验站	河北省种子总站	扦样、水分、净度、发芽率、真实性和品种纯度（田间小区种植）	玉米、小麦品种真实性SSR	石家庄建华南大街103号	050031	0311-85697860	李承宗
8	江苏省农作物种子质量检验中心	江苏省种子管理站	扦样、水分、净度、发芽率、真实性和品种纯度（田间小区种植）	稻品种真实性SSR	江苏省南京市中山北路283号	210009	025-86263531	杨 华
9	农业农村部植物新品种测试（杭州）分中心	中国水稻研究所		稻品种真实性SSR	浙江省杭州市富阳区稻所路28号	311400	18857103668	孙燕飞
10	安徽省种子质量监督检验站	安徽省种子管理总站	扦样、水分、净度、发芽率、真实性和品种纯度（田间小区种植）	稻、玉米品种真实性SSR	合肥市滨湖新区洞庭湖路3355号	230061	13721117265	胡晓玲
11	湖北省农作物种子质量监督检验测试中心	湖北省种子管理局	扦样、水分、净度、发芽率、真实性和品种纯度（田间小区种植）	稻、玉米品种真实性SSR	武汉市洪山区狮子山街王家湾特1号	430070	027-87208528 027-87394014	付 玲
12	湖南省种子质量检测中心	湖南省种子质量检测中心	扦样、水分、净度、发芽率、真实性和品种纯度（田间小区种植）	稻、玉米品种真实性SSR	长沙市远大一路480号	410016	13055172364	龙利平
13	华智种子质量分子检测中心	华智检测技术有限公司	水分测定、净度分析、发芽试验、扦样（水稻、玉米、小麦、大豆、油菜、甜瓜、西瓜、棉花、辣椒等禾谷类种子、豆类种子、油料类种子、瓜菜类种子）	水稻、玉米、大豆、向日葵品种真实性SSR	湖南省长沙市芙蓉区合平路618号	410001	15274947214	熊 莹
14	农业农村部农作物种子质量监督检验测试中心（深圳）	深圳市农业科技促进中心	扦样、水分、净度、发芽率、真实性和品种纯度（田间小区种植）	稻、玉米品种真实性SSR	深圳市南山区西丽街道茶光路与沙河西路交汇智谷产业园E座16-18楼	518000	17727801394	刘 晋
15	广西壮族自治区农作物种子质量监督检验站	广西壮族自治区种子管理站	扦样、水分、净度、发芽率、真实性和品种纯度（田间小区种植）	稻、玉米品种真实性SSR	南宁市七星路135号广西壮族自治区农业农村厅2号楼5楼	530022	13977137569	覃德斌
16	重庆市种子质量检测站	重庆市种子站	扦样、水分、净度、发芽率、真实性和品种纯度（田间小区种植）	稻、玉米品种真实性SSR	重庆市南岸区南坪东路二巷12号	400060	023-89020032	赵良建
17	四川省种子质量监督检验站	四川省种子站	扦样、水分、净度、发芽率、真实性和品种纯度（田间小区种植）	稻、玉米品种真实性SSR	成都市玉林北路5号	610041	15882358231	肖 伦
18	陕西省农作物种子检验站	陕西省种子工作总站	禾谷类、豆类、纤维油料类、瓜菜类扦样、水分、净度、发芽率、真实性和品种纯度（田间小区种植）	玉米品种真实性SSR	西安市凤城三路1号	710018	029-86522181	张 英
19	甘肃省农作物种子质量监督检测中心	甘肃省种子总站	扦样、水分、净度、发芽率、真实性和品种纯度（田间小区种植）、马铃薯种薯健康	玉米品种真实性SSR	甘肃省兰州市城关区段家滩路195号	730020	0931-4873018	孟思远
20	新疆生产建设兵团种子质量监督检测中心	新疆生产建设兵团种子管理总站	扦样、水分、净度、发芽率、真实性和品种纯度（田间小区种植）	玉米品种真实性SSR	新疆乌鲁木齐市高新区昆明路103号	830011	0991-3859513	辜立新

图8　农业农村部测试中心被列入农业农村部首批20家种业打假护权检验机构推荐名单

图9　2022年中国种子大会暨南繁硅谷论坛种业知识产权保护论坛宣布农作物种质资源区块链存证平台正式上线

表1　2022年发布的国家标准和农业农村行业标准目录清单

序号	标准号	名称	发布日期	实施日期
1	GB/T 19557.6—2022	植物品种特异性（可区别性）、一致性和稳定性测试指南　苎麻	2022-12-30	2023-7-1
2	GB/T 19557.7—2022	植物品种特异性（可区别性）、一致性和稳定性测试指南　水稻	2022-12-30	2023-7-1
3	GB/T 19557.8—2022	植物品种特异性（可区别性）、一致性和稳定性测试指南　李	2022-12-30	2023-7-1
4	GB/T 19557.11—2022	植物品种特异性（可区别性）、一致性和稳定性测试指南　猕猴桃属	2022-12-30	2023-7-1
5	GB/T 19557.13—2022	植物品种特异性（可区别性）、一致性和稳定性测试指南　番茄	2022-12-30	2023-7-1
6	GB/T 19557.16—2022	植物品种特异性（可区别性）、一致性和稳定性测试指南　花生	2022-12-30	2023-7-1
7	GB/T 19557.17—2022	植物品种特异性（可区别性）、一致性和稳定性测试指南　辣椒	2022-12-30	2023-7-1
8	GB/T 19557.18—2022	植物品种特异性（可区别性）、一致性和稳定性测试指南　棉花	2022-12-30	2023-7-1
9	GB/T 19557.21—2022	植物品种特异性（可区别性）、一致性和稳定性测试指南　甜瓜	2022-12-30	2023-7-1
10	GB/T 19557.25—2022	植物品种特异性（可区别性）、一致性和稳定性测试指南　黄瓜	2022-12-30	2023-7-1
11	GB/T 19557.26—2022	植物品种特异性（可区别性）、一致性和稳定性测试指南　苹果	2022-12-30	2023-7-1
12	GB/T 19557.27—2022	植物品种特异性（可区别性）、一致性和稳定性测试指南　西瓜	2022-12-30	2023-7-1
13	GB/T 19557.29—2022	植物品种特异性（可区别性）、一致性和稳定性测试指南　甘蓝	2022-12-30	2023-7-1
14	NY/T 4223—2022	植物品种特异性、一致性和稳定性测试指南　腰果	2022-11-11	2023-3-1
15	NY/T 4222—2022	植物品种特异性、一致性和稳定性测试指南　刀豆	2022-11-11	2023-3-1

（续）

序号	标准号	名称	发布日期	实施日期
16	NY/T 4221—2022	植物品种特异性、一致性和稳定性测试指南　羊肚菌属	2022-11-11	2023-3-1
17	NY/T 4220—2022	植物品种特异性、一致性和稳定性测试指南　救荒野豌豆	2022-11-11	2023-3-1
18	NY/T 4219—2022	植物品种特异性、一致性和稳定性测试指南　甘草属	2022-11-11	2023-3-1
19	NY/T 4218—2022	植物品种特异性、一致性和稳定性测试指南　兵豆属	2022-11-11	2023-3-1
20	NY/T 4217—2022	植物品种特异性、一致性和稳定性测试指南　蝉花	2022-11-11	2023-3-1
21	NY/T 4216—2022	植物品种特异性、一致性和稳定性测试指南　拟石莲属	2022-11-11	2023-3-1
22	NY/T 4215—2022	植物品种特异性、一致性和稳定性测试指南　麦冬	2022-11-11	2023-3-1
23	NY/T 4214—2022	植物品种特异性、一致性和稳定性测试指南　广东万年青属	2022-11-11	2023-3-1
24	NY/T 4213—2022	植物品种特异性、一致性和稳定性测试指南　重齿当归	2022-11-11	2023-3-1
25	NY/T 4212—2022	植物品种特异性、一致性和稳定性测试指南　番石榴	2022-11-11	2023-3-1
26	NY/T 4211—2022	植物品种特异性、一致性和稳定性测试指南　量天尺属	2022-11-11	2023-3-1
27	NY/T 4210—2022	植物品种特异性、一致性和稳定性测试指南　梨砧木	2022-11-11	2023-3-1
28	NY/T 4209—2022	植物品种特异性、一致性和稳定性测试指南　忍冬	2022-11-11	2023-3-1
29	NY/T 4207—2022	植物品种特异性、一致性和稳定性测试指南　黄花蒿	2022-11-11	2023-3-1
30	NY/T 4202—2022	菜豆品种鉴定　SSR分子标记法	2022-11-11	2023-3-1
31	NY/T 4201—2022	梨品种鉴定　SSR分子标记法	2022-11-11	2023-3-1

（三）信息化平台建设

根据“放管服”和“让数据多跑路”的要求，并参考国际植物新品种保护联盟信息化建设的成功经验，完善在线申请和审查系统，提高信息化管理水平。设计开发了异议模块、冻结、质押相关业务，优化了查询统计系统、审查系统生成公报格式及内容、证书领取等。对申请系统、审查管理系统、测试数据服务器平台密码进行安全性检查。开发和测试配合种业数据大平台一键生成种业发展报告的功能。同时，定期更新种业大数据平台品种保护公告信息，及时做好系统维护，保障受理和审查系统的正常运行。

（四）行业协会建设

一是在中国种子协会的领导下，完成换届工作，选举产生了由63名理事组成的植物新品种保护专业委员会第二届理事会，时任农业农村部科技发展中心党委书记杨礼胜当选专业委员会主任委员，四川省种子站周会等12人当选副主任委员，农业农村部科技发展中心总农艺师崔野韩当选秘书长（图10）。二是配合中国种子大会做好南繁硅谷论坛工作，在中国种子大会种业知识产权保护论坛上，杨礼胜主任委员作了题为《夯实品种保护制度基础 助力农作物种业振兴》的演讲，发出“矢志原始创新、尊重他人成果、共创良好环境”的倡议（图11）。

图10　植物新品种保护专业委员会第二届理事会

图11　植物新品种保护走进2022年中国种子大会

四、宣传培训

（一）信息宣传

一是开展《种子法》宣传活动。通过“线上+线下”“点对点+面对面”“请进来+走出去”等方式，开展《种子法》进企业、进院校、进展会、进基地系列宣讲活动，走进袁隆平农业高科技股份有限公司、各省农业科学院、制种基地，现场、网络授课累计10余场，培训10余万人次，在种业界掀起学习热潮。二是我国农业植物新品种权申请量超过5万件的新闻，在人民日报和人民网首页进行报道，取得了良好的社会反响（图12）。三是编写《2020年植物新品种保护发展报告》和6期《农业植物新品种保护公报》（图13），撰写《中国知识产权年鉴》《中国农作物发展报告》等植物新品种保护部分。四是规范“农业农村部植物新品种测试中心”微信公众号运维，推送图文66篇，关注人数突破万人，阅读超14.5万人次。

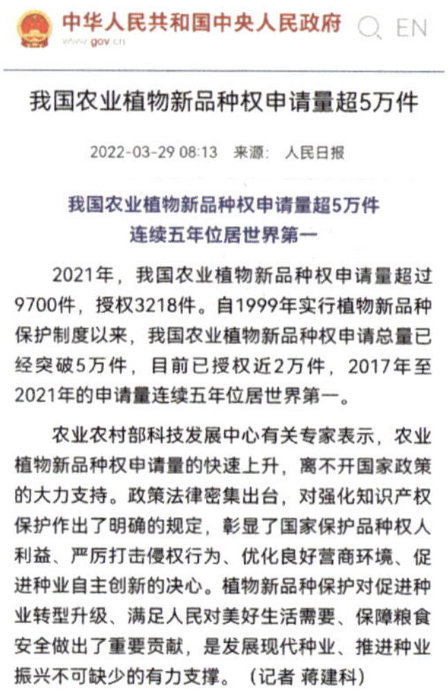
中华人民共和国中央人民政府
www.gov.cn
EN

我国农业植物新品种权申请量超5万件

2022-03-29 08:13 来源：人民日报

我国农业植物新品种权申请量超5万件
连续五年位居世界第一

2021年，我国农业植物新品种权申请量超过9700件，授权3218件。自1999年实行植物新品种保护制度以来，我国农业植物新品种权申请总量已经突破5万件，目前已授权近2万件，2017年至2021年的申请量连续五年位居世界第一。

农业农村部科技发展中心有关专家表示，农业植物新品种权申请量的快速上升，离不开国家政策的大力支持。政策法律密集出台，对强化知识产权保护作出了明确的规定，彰显了国家保护品种权人利益、严厉打击侵权行为、优化良好营商环境、促进种业自主创新的决心。植物新品种保护对促进种业转型升级、满足人民对美好生活需要、保障粮食安全做出了重要贡献，是发展现代种业、推进种业振兴不可缺少的有力支撑。（记者 蒋建科）

图12 我国农业植物新品种保护权申请量超5万件新闻

图13 《农业植物新品种保护公报》6期

（二）人员培训

一是通过线上、线下举办5期农业植物品种DUS测试技术培训班与植物新品种保护能力提升培训班等，围绕品种创新与管理、DUS测试与品种保护、DUS测试理论和实践等相关内容开展培训，培训学员千余人次。二是开展测试机构质量管理培训。举办农业植物品种DUS测试系统培训班，持续将新入职人员的基础培训作为质量管理的有力措施（图14）。

（三）品种展示

在徐州市成功举办2022年农业植物品种展示示范暨信息发布会，集中展示示范甘薯、花生、大豆等209个授权新品种和28项新技术，有效宣传种业知识产权保护，促进授权新品种推广应用（图15）。

图14　举办各类培训班

图15　2022年农业植物品种展示示范暨信息发布会

五、维权执法

一是聚焦知识产权保护，组织开展种业监管执法年活动。农业农村部、最高人民法院、最高人民检察院、公安部等部门联合印发《关于保护种业知识产权打击假冒伪劣套牌侵权营造种业振兴良好环境的指导意见》，强化行政执法和刑事司法衔接，联合公检法等部署开展种业知识产权保护、打击假冒伪劣套牌侵权工作，举办全国保护种业知识产权打击假冒伪劣套牌侵权视频会议（图16），发布《2022年农业植物新品种保护十大典型案例》，上线全国农作物品种DNA指纹库，推出首批20家种业打假护权检验机构（图8）。二是统筹推进标准样品管理。开展实地调研和专题交流，统筹推进品种审定、登记、保护标准样品管理，为推行品种“身份证”管理奠定基础。

图16　全国保护种业知识产权打击假冒伪劣套牌侵权视频会议

六、国际合作与交流

一是崔野韩当选国际植物新品种保护联盟（UPOV）理事会主席。在国际植物新品种保护联盟（UPOV）理事会第56届会议上，农业农村部科技发展中心崔野韩总农艺师成功当选理事会主席，成为该组织历史上首位中国籍理事会主席（图17）。二是参加国际会议。出席区域全面经济伙伴关系协定（RCEP）种业知识产权保护论坛、中巴研讨会、国际无性繁殖园艺植物和果树育种者协会（CIOPORA）年会以及UPOV等有关线上会议，在相关会议作专题报告，做好政策传播；参加商务部组织的中以、中瑞等商务谈判，为谈判提供有关技术支撑（图18）。三是开展多边和双边国际活动。举办中欧植物新品种保护法律法规线上研讨会（图19），组织为期2周的发展中国家植物新品种保护援外培训。四是组织国际培训和交流。组织35人参加UPOV远程教育，派工作人员任UPOV远程教育中文导师，为国际培训贡献中国力量。五是推进国际信息化建设。启动参与UPOV植物品种权国际申请平台（PRISMA）中国项目二期研发。

图17　农业农村部科技发展中心崔野韩总农艺师成功当选UPOV理事会主席

图 18　参加RCEP种业知识产权保护论坛

图 19　中欧植物新品种保护法律法规线上研讨会

第二章　申请授权情况

1999—2022年，农业植物新品种权申请量、授权量总体呈现增长趋势（图20）。2022年度申请量为11 199件，年度申请量连续6年位居UPOV成员第一位，同比增加1 478件，增幅达15.20%，申请总量达62 636件；年度授权量为3 375件，年度授权量连续3年位居UPOV成员第一位，同比增加157件，增幅达4.88%，授权总量达23 101件。

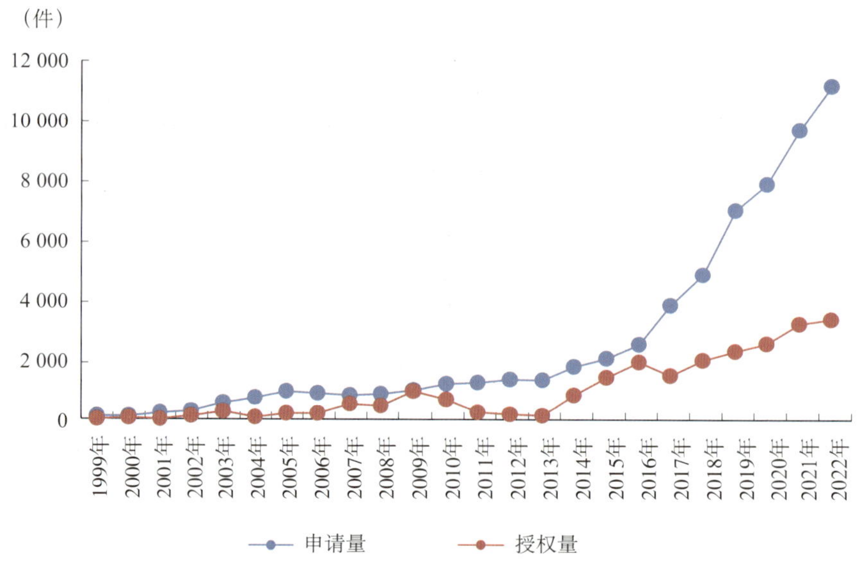

图20　1999—2022年品种权申请量和授权量变化图

一、作物种类申请授权情况

（一）累计申请授权情况

1999—2022年，各类作物的申请量总体保持逐年递增（图21）。农业植物新品种权申请总量仍以大田作物为主，共47 517件，占比高达75.86%；其次为蔬菜7 436件，占比

11.87%；花卉4 483件，占比7.16%；果树2 589件，占比4.13%；药用植物255件，占比0.41%；菌类307件，占比0.49%；牧草49件，占比0.08%。(图22)

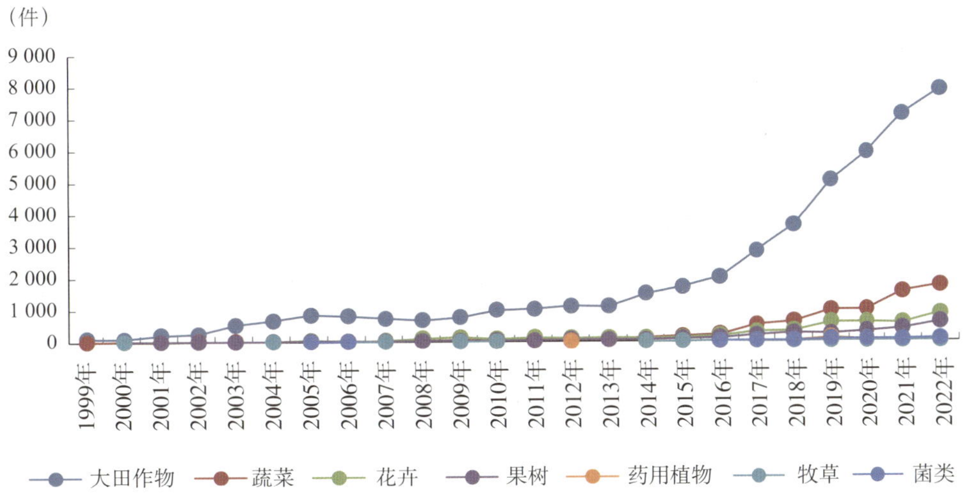

图21　1999—2022年不同作物种类年度申请量变化图

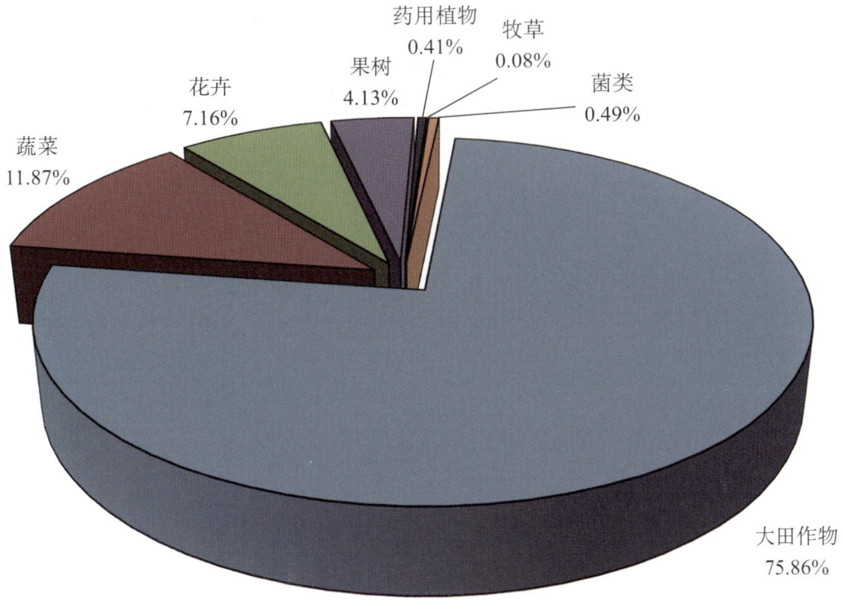

图22　1999—2022年不同作物种类申请总量分布图

1999—2022年，各类作物的授权量与总授权量趋势基本保持一致（图23）。农业植物新品种权授权总量也以大田作物为主，共18 645件，占比高达80.71%；其次为蔬菜1 813件，占比7.85%；花卉1 696件，占比7.34%；果树826件，占比3.58%；药用植物57件，占比0.25%；牧草8件，占比0.03%；菌类56件，占比0.24%（图24）。

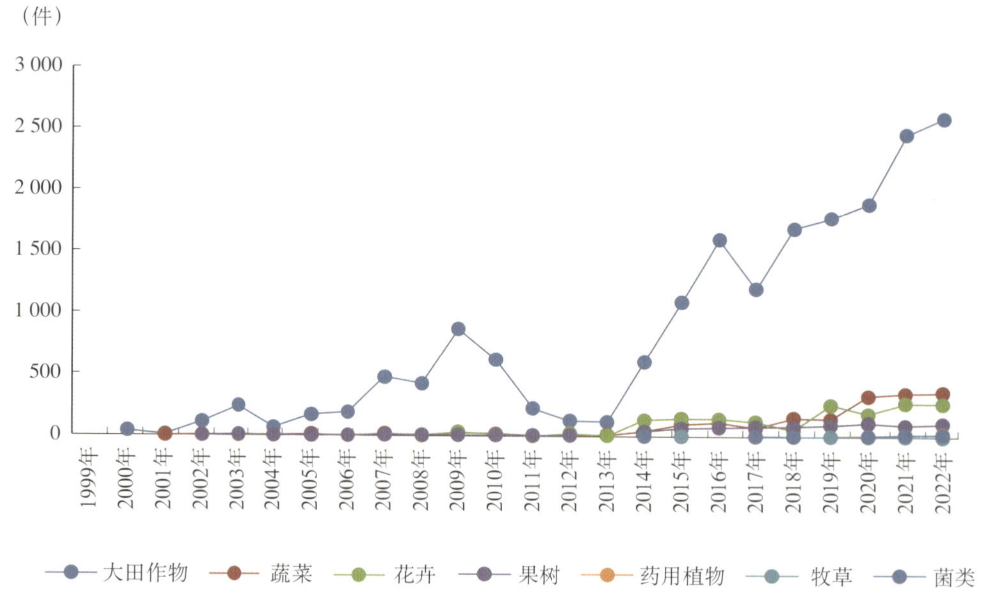

图23　1999—2022年不同作物种类年度授权量变化图

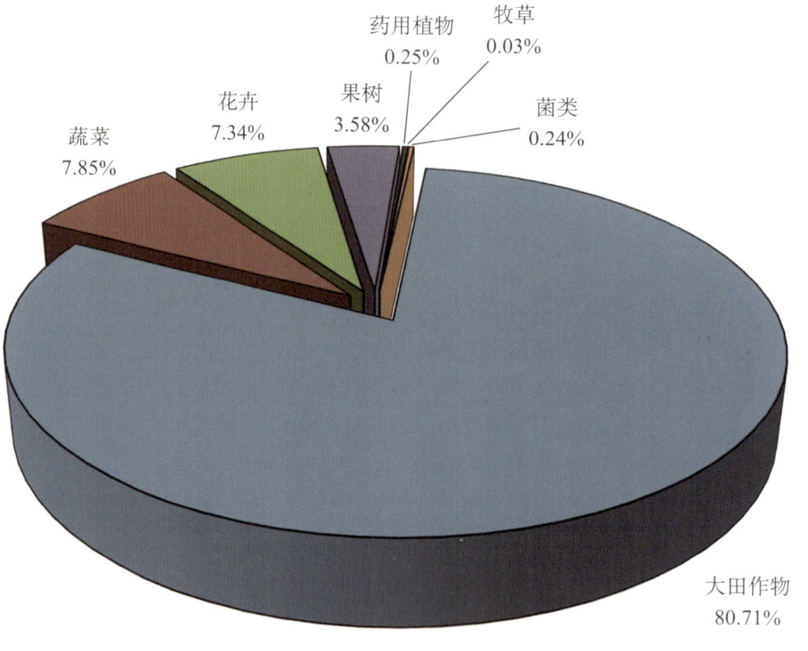

图24　1999—2022年不同作物种类授权总量分布图

（二）2022年申请授权情况

2022年，大田作物品种申请7 872件，在年度申请量中占比70.29%，同比增加10.67个百分点；蔬菜品种申请1 748件，占比15.61%，同比增加12.70个百分点；花卉品种申请871件，占比7.78%，同比增加52.01个百分点；果树品种申请593件，占比5.30%，同比增加51.28个百分点；药用植物、牧草和菌类分别为32件、4件和79件，占比为0.29%、0.04%和0.71%（图25）。

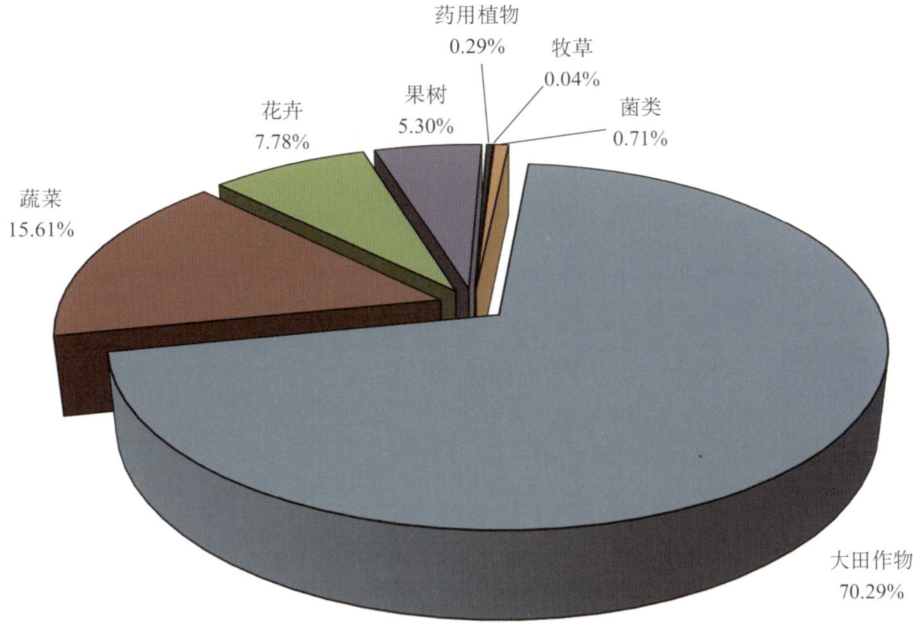

图25　2022年不同作物种类申请量分布图

2022年，大田作物品种授权2 596件，在年度授权量中占比76.92%，同比增加5.44个百分点；蔬菜品种授权360件，占比10.67%，同比增加1.69个百分点；花卉品种授权270件，占比8.00%，同比降低0.74个百分点；果树品种授权107件，占比3.17%，同比增加15.05个百分点；药用植物、菌类分别授权22件和20件，占比为0.65%和0.59%；牧草无授权品种（图26）。

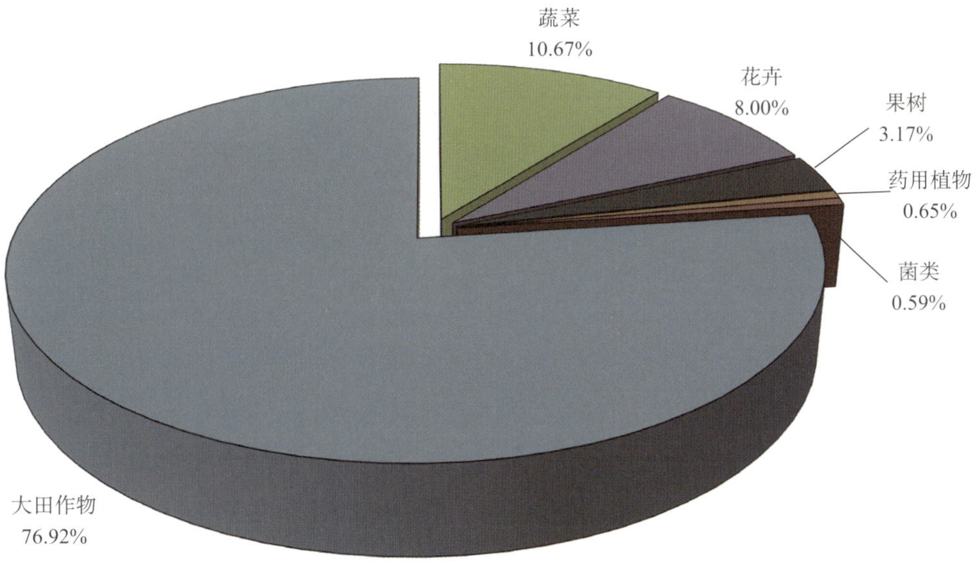

图26　2022年不同作物种类授权量分布图

二、国内申请主体和品种权主体情况

（一）地区分析

1999—2022年，来自国内主体的农业植物新品种权申请在地区间分布见图27。其中，北京市以申请5 619件位居首位，占国内申请总量的9.52%，其次为河南省，申请5 319件，占比9.01%。此外，山东省、黑龙江省、江苏省、安徽省、河北省、广东省、湖南省、四川省、浙江省和福建省的申请量均在2 000件以上。

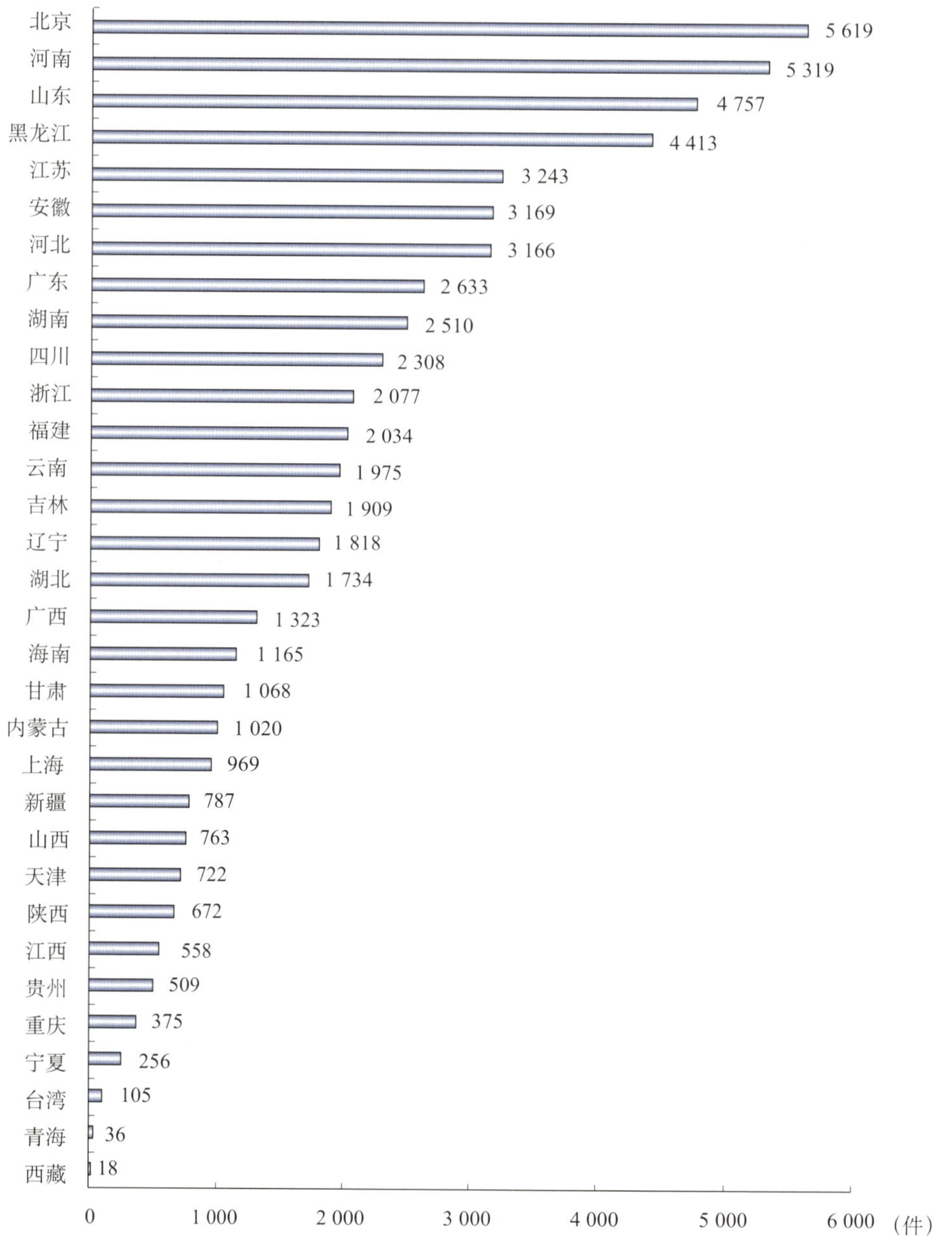

图27 1999—2022年国内申请总量地域分布图

1999—2022年，国内主体获得的农业植物新品种权授权总量中，北京市以2 305件位居首位，占国内授权总量的10.66%，其次为河南省，获得授权1 983件，占比9.17%。此外，山东省、黑龙江省、江苏省、安徽省、河北省、四川省和湖南省获得授权量均在1 000件以上（图28）。

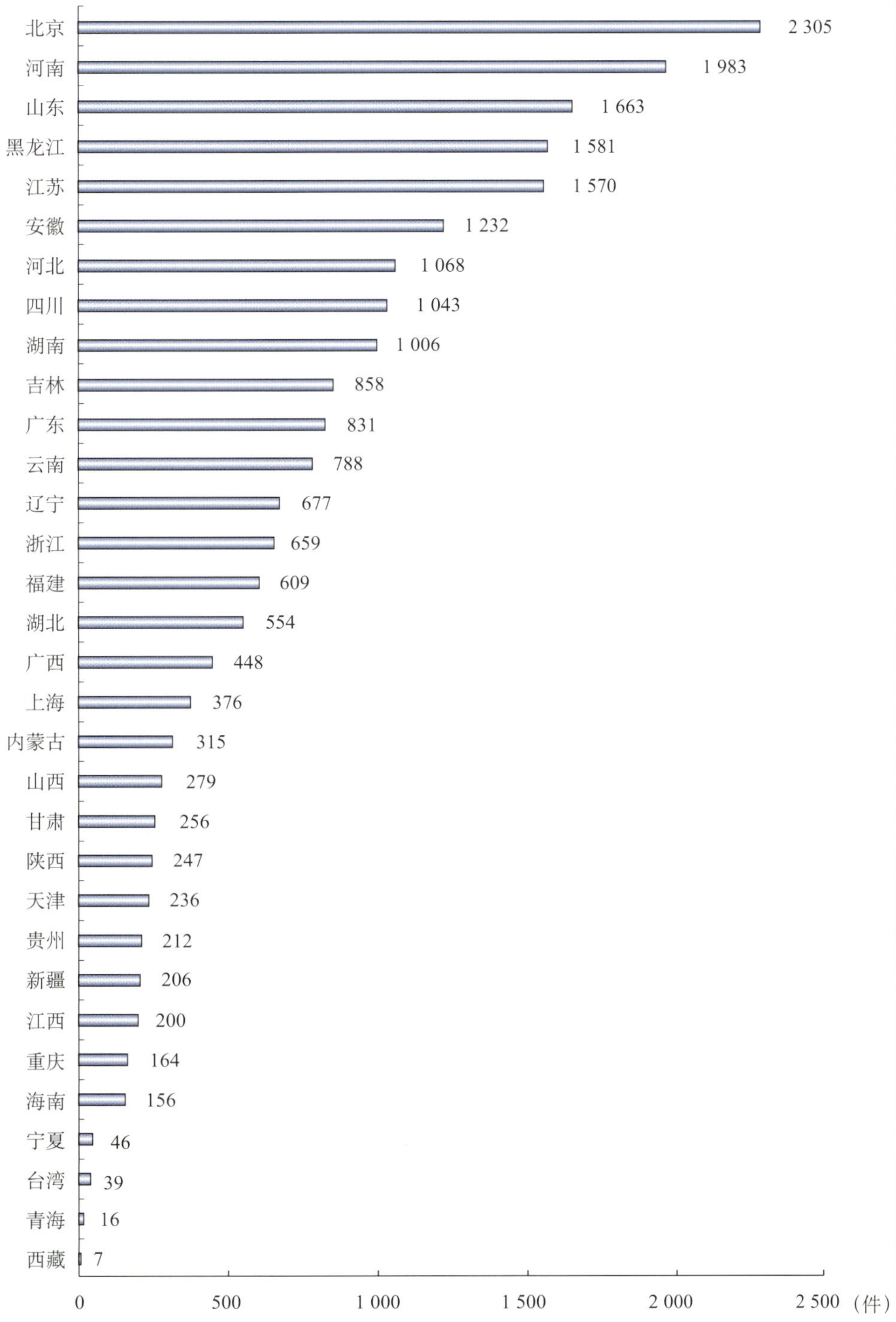

图28　1999—2022年国内授权总量地域分布图

2022年，来自国内主体的农业植物新品种权申请量以山东省最多，达951件，占国内申请量的8.90%，其次为北京市，申请865件，占比8.09%。河南省、黑龙江省、广东省、河北省和海南省的申请量均在500件以上（图29）。

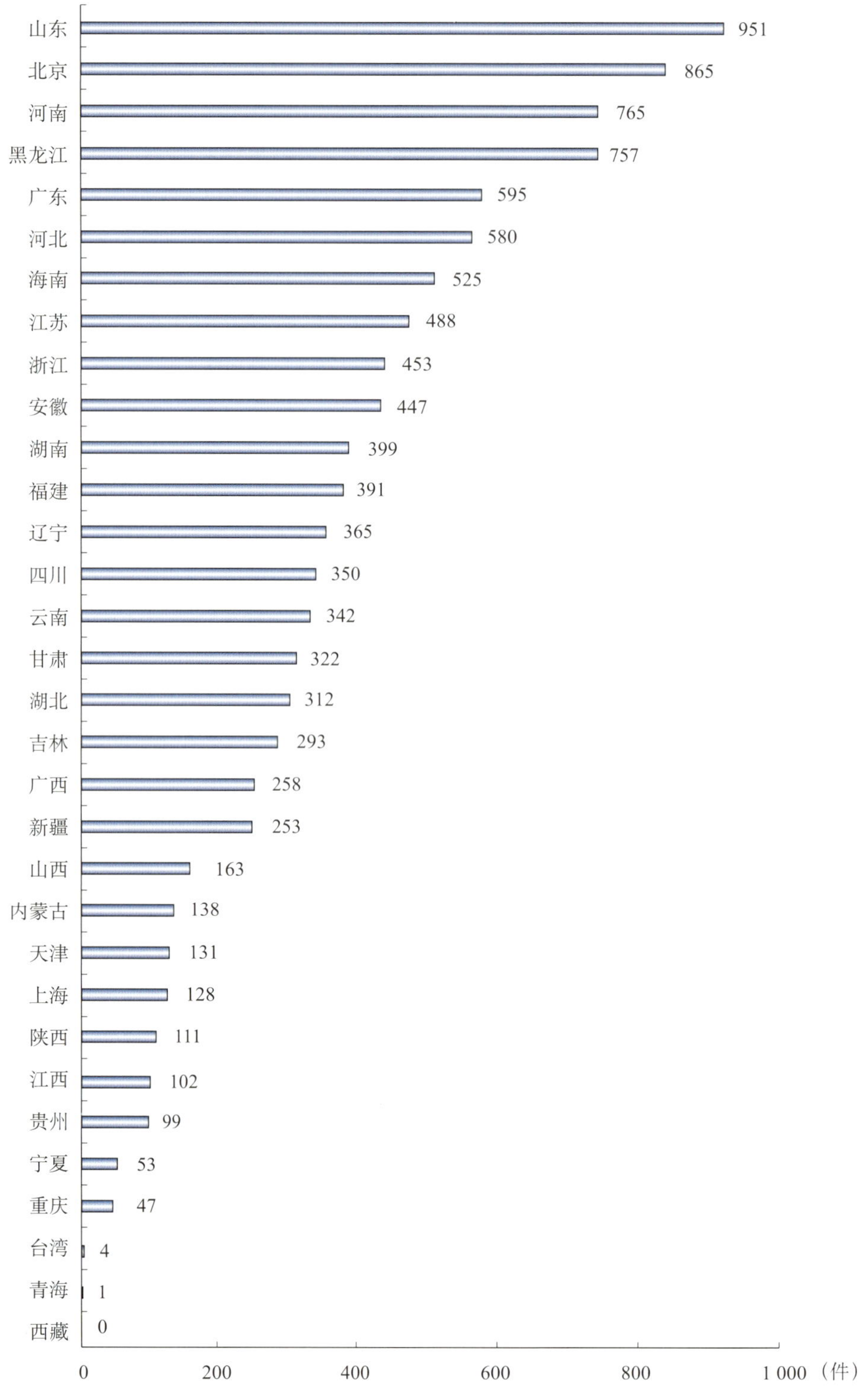

图29　2022年国内申请量地域分布图

2022年，国内主体获得的农业植物新品种权授权量中，河南省以351件位居首位，占国内授权总量的11.12%；北京市以292件的授权量位居第二位，占国内授权总量的9.25%；黑龙江省、江苏省和山东省授权量均在200件以上（图30）。

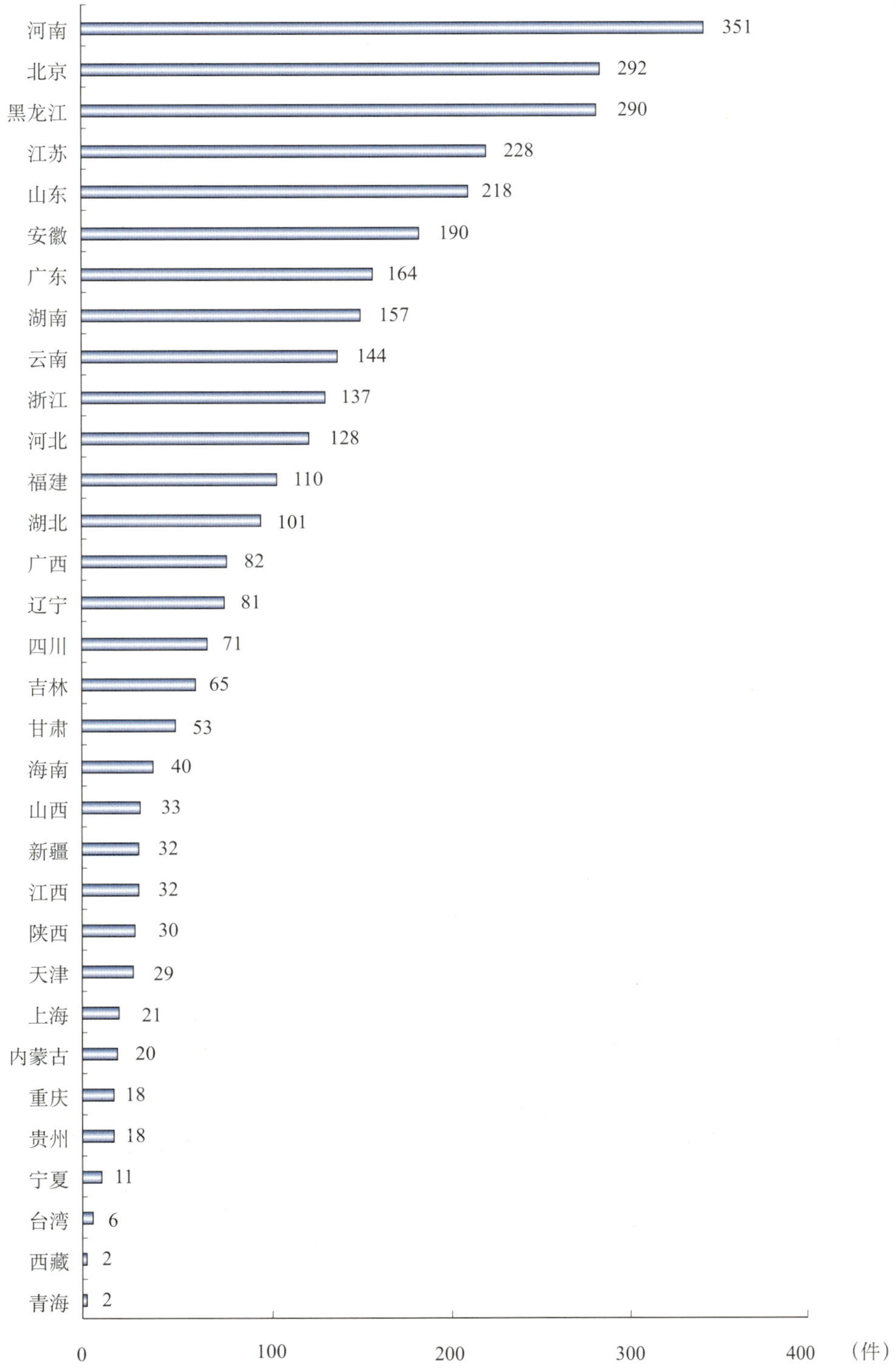

图30　2022年国内授权量地域分布图

（二）主体性质分析

1999—2022年，共有59 030件农业植物新品种权申请来自国内申请主体，其中以企业和科研单位为主，分别为30 499件和22 139件，占比51.67%和37.50%。来自教学单位和个人的申请分别为4 072件和2 320件，占比为6.90%和3.93%（图31、图32）。

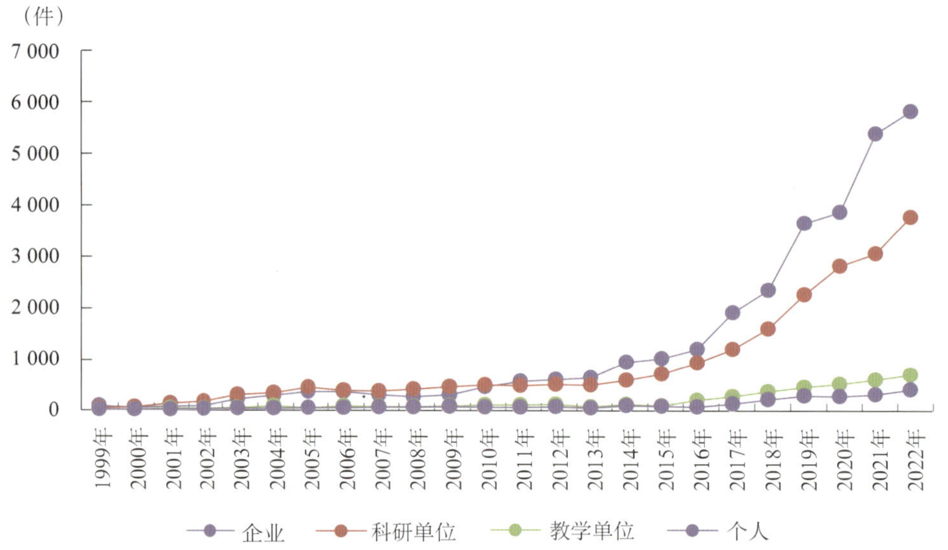

图31　1999—2022年国内不同申请主体年度趋势图

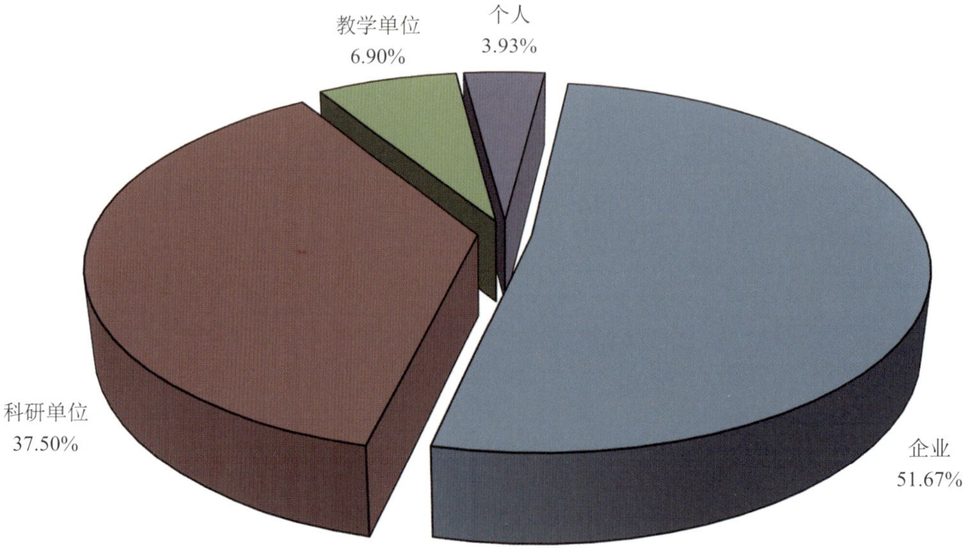

图32　1999—2022年国内不同申请主体申请总量分布图

1999—2022年，国内品种权主体共获得授权21 630件，其中企业获得授权10 009件，占比46.27%；科研单位获得授权9 283件，占比42.92%；教学单位获得授权1 631件，占比7.54%；个人获得授权707件，占比3.27%（图33）。

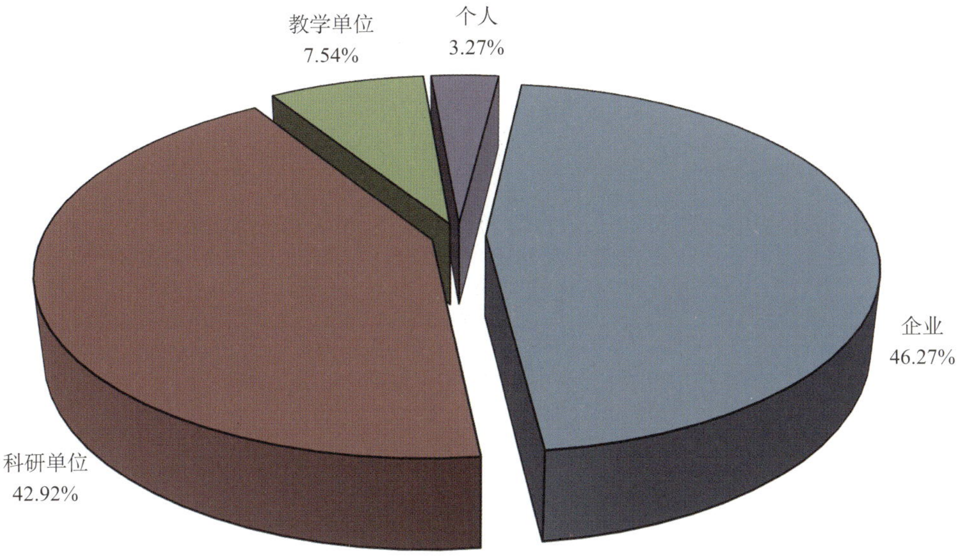

图33　1999—2022年国内不同品种权主体授权总量分布图

2022年，共有10 688件农业植物新品种权申请来自国内申请主体，其中,企业申请达5 822件，占比54.47%；科研单位申请3 772件，占比35.29%；教学单位申请693件，占比6.48%；个人申请401件，占比3.75%。企业年申请量已连续12年超过科研单位（图34）。

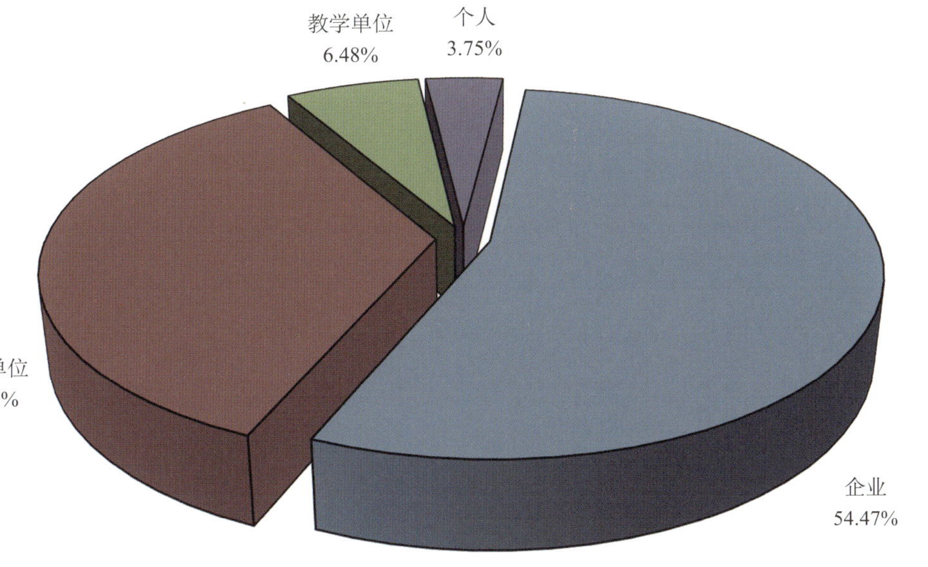

图34　2022年国内不同申请主体申请量分布图

2022年，国内品种权主体共获得授权3 156件，其中，企业获得授权1 606件，占比50.89%；科研单位获得授权1 185件，占比37.55%；教学单位获得授权262件，占比8.30%；个人获得授权103件，占比3.26%（图35）。

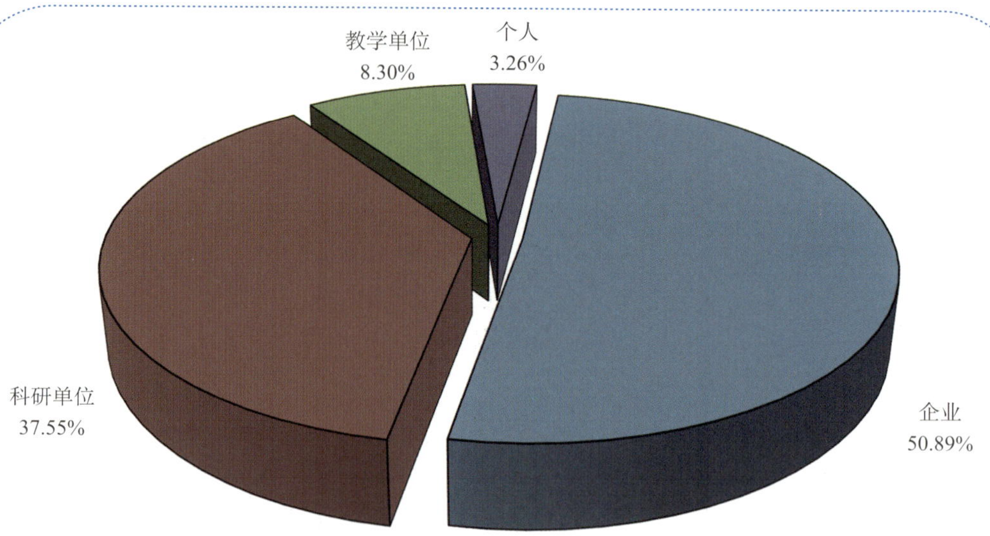

图35　2022年国内不同品种权主体授权量分布图

三、国外申请主体和品种权主体情况

（一）国别分析

1999—2022年，来自国外主体的品种权申请共计3 606件，占申请总量的5.76%（其他接受国外申请情况参见第四章），涉及23个国家。其中，荷兰申请1 063件，位居各国之首，占比29.48%；其次为美国，申请979件，占比27.15%（图36）。

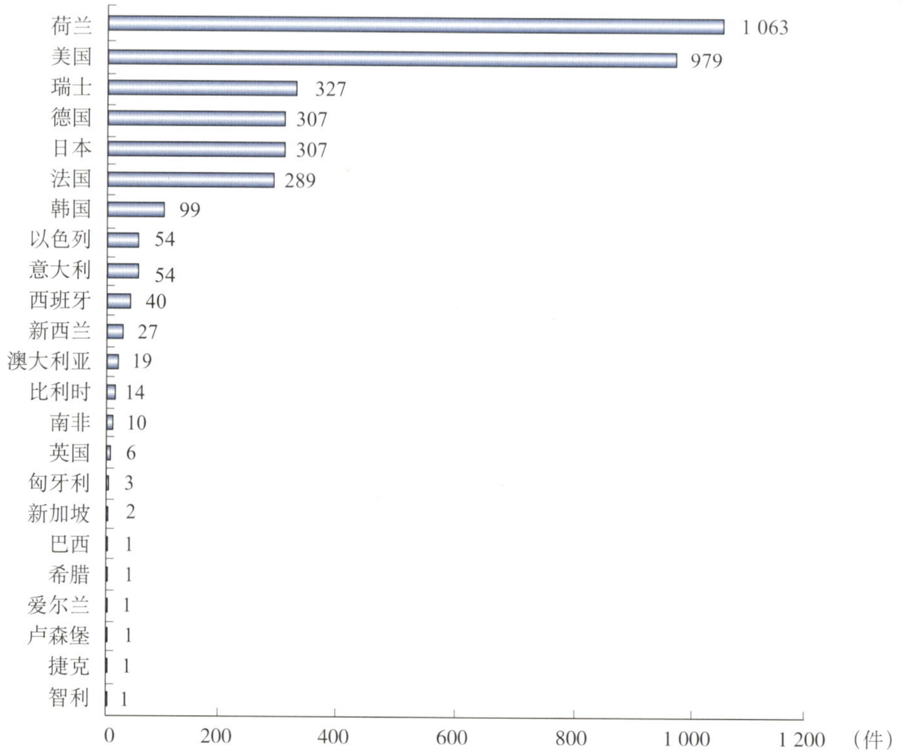

图36　1999—2022年国外申请主体国家分布图

1999—2022年，国外主体累计获得品种权授权1 471件，占授权总量的6.37%。其中，荷兰获得授权541件，位居各国之首，占比36.78%，其次为美国，获得授权504件，占比34.26%（图37）。

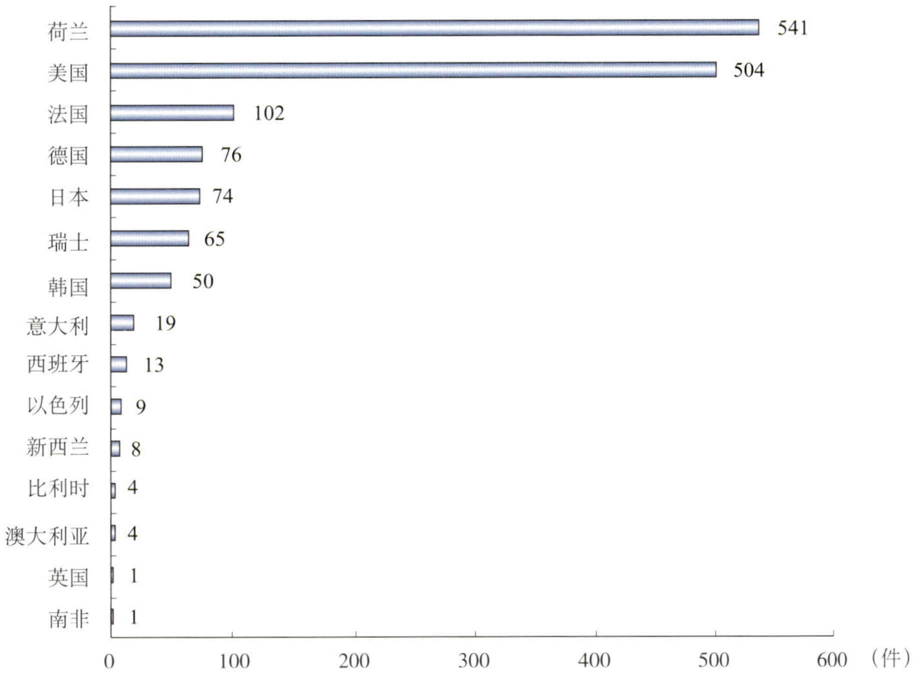

图37 1999—2022年国外品种权主体国家分布图

2022年，国外主体共申请品种权511件，占年度申请量的4.56%，涉及14个国家。其中，瑞士以121件申请位居各国之首，占比23.68%；其次为荷兰，申请101件，占比19.77%（图38）。

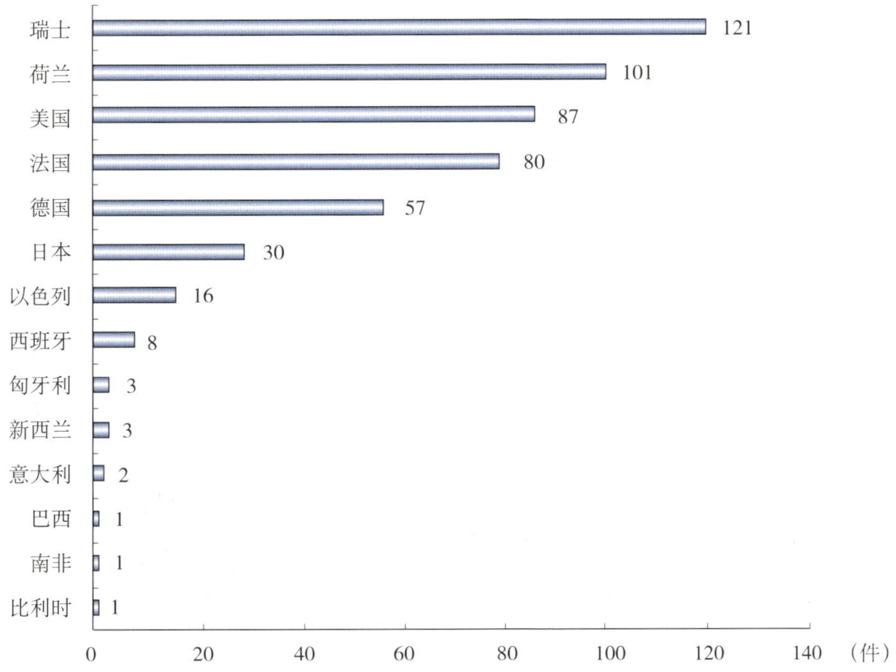

图38 2022年国外申请主体国家分布图

2022年，国外主体共获得品种权授权217件，占年度授权量的6.43%。其中，美国以106件位居各国之首，占比48.85%；荷兰56件，占比25.81%（图39）。

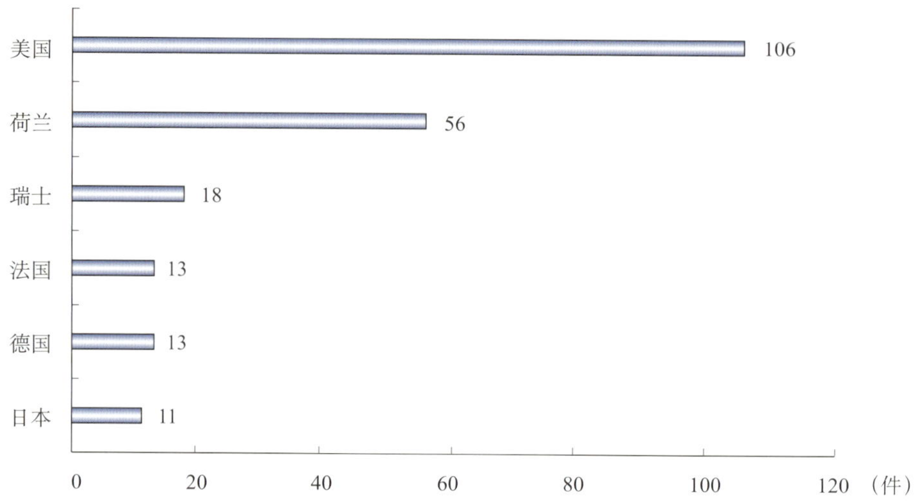

图39　2022年国外品种权主体国家分布图

（二）主体性质分析

1999—2022年，国外申请主体以企业为主，共申请3 371件，占比高达93.48%；科研单位申请148件，占比4.10%；教学单位申请47件，占比1.30%；个人申请40件，占比1.11%（图40）。

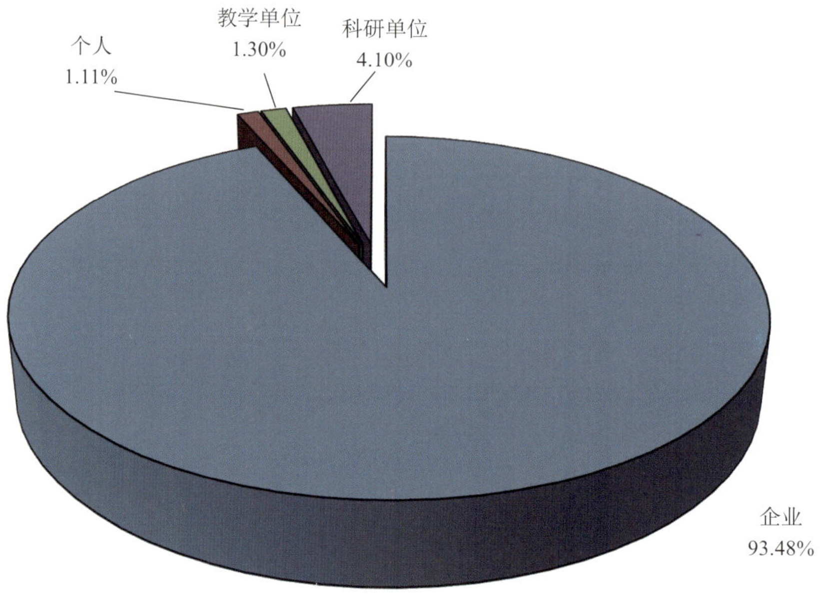

图40　1999—2022年国外申请主体类型分布图

2022年，国外申请主体仍然以企业为主，共申请486件，占比95.11%；科研单位申请11件，占比2.15%；教学单位申请5件，占比0.98%；个人申请9件，占比1.76%（图41）。

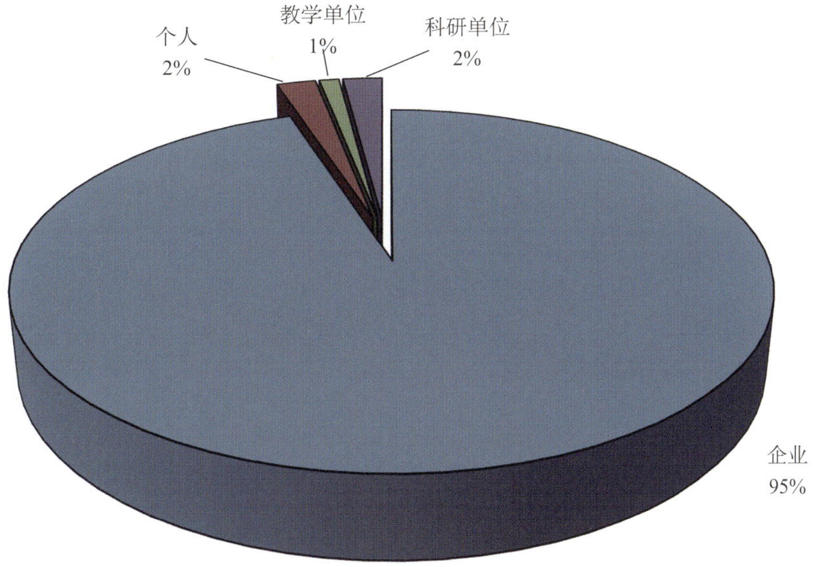

图41　2022年国外申请主体类型分布图

（三）作物种类分析

1999—2022年，来自国外申请主体的品种权申请总量以大田作物和花卉为主，其中，大田作物1 594件，占比44.20%；花卉1 232件，占比34.17%；果树446件，占比12.37%；蔬菜288件，占比7.99%；菌类、药用植物和牧草分别为27件、16件和3件，占比分别为0.75%、0.44%和0.08%（图42）。

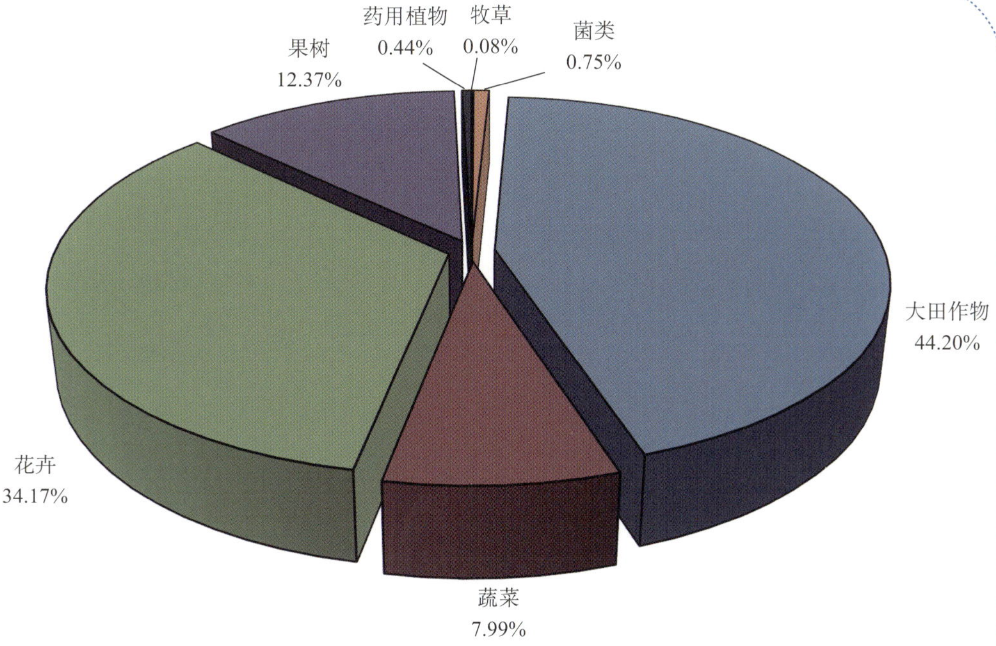

图42　1999—2022年国外申请主体申请作物种类分布图

2022年，国外申请的作物种类以大田作物为主，其中，大田作物310件，占比60.67%；花卉116件，占比22.70%；果树45件，占比8.81%；蔬菜37件，占比7.24%；菌类3件，占比0.59%，药用植物和牧草无申请记录（图43）。

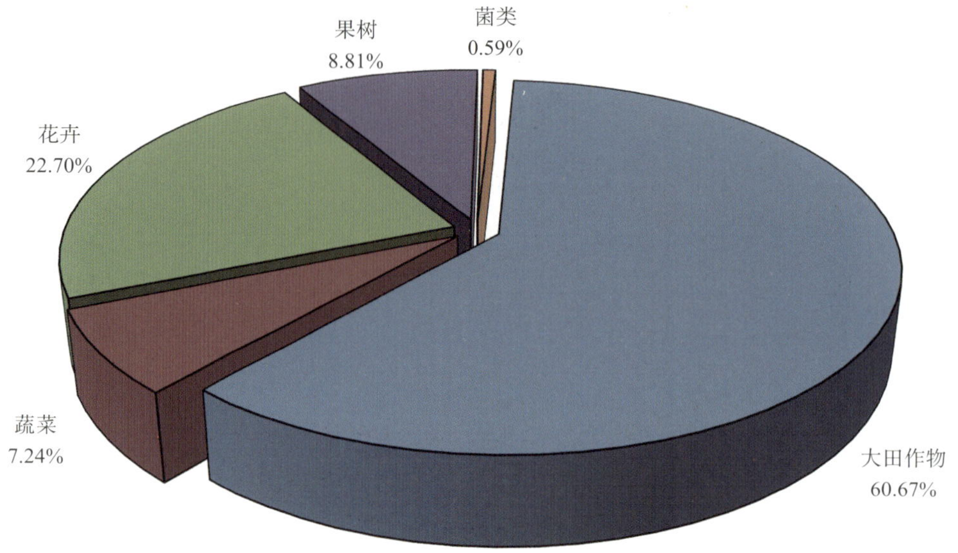

图43　2022年国外申请主体申请作物种类分布图

四、国内向国外品种权申请授权情况

2000—2022年，我国共向欧盟、越南、美国等26个国家和组织申请品种权381件，其中获得授权172件，授权比率为45.14%（表2）。

表2　2000—2022年中国在国外申请授权品种权情况

UPOV成员	在国外申请/件	在国外获得授权/件	在国外获得授权比率／%
欧盟	79	28	35.44
越南	57	30	52.63
美国	59	43	72.88
日本	49	6	12.24
荷兰	15	4	26.67
澳大利亚	14	8	57.14
智利	11	10	90.91
阿根廷	12	5	41.67
新西兰	6	2	33.33
南非	20	8	40.00
乌拉圭	5	5	100.00
韩国	10	3	30.00
乌克兰	2	0	0.00

（续）

UPOV成员	在国外申请/件	在国外获得授权/件	在国外获得授权比率／%
以色列	5	3	60.00
加拿大	2	0	0.00
巴西	6	4	66.67
巴拉圭	3	2	66.67
肯尼亚	3	0	0.00
瑞士	1	1	100.00
巴拿马	0	1	—
摩洛哥	2	2	100.00
秘鲁	2	2	100.00
墨西哥	3	2	66.67
俄罗斯	6	1	16.67
英国	2	0	0.00
土耳其	7	2	28.57
合计	381	172	45.14

注：数据整理自UPOV官网。其中，UPOV数据显示我国在巴拿马获得授权1件，但在统计时未发现我国在巴拿马的申请记录，所以词条数据有争议。上述数据包含农业和林业方面的数据。

五、申请量/授权量排行情况

（一）作物种类

1999—2022年，大田作物总申请量中位居前5位的依然是玉米、水稻、普通小麦、大豆和棉属，共占大田作物总申请量的94.01%，占所有作物总申请量的74.69%。玉米和水稻占据绝对优势，分别占大田作物总申请量的44.65%和32.94%。蔬菜、花卉、果树类作物总申请量中居首位的分别是辣椒属、蝴蝶兰属、苹果属，分别占所有作物总申请量的2.18%、1.97%、0.65%（表3）。

表3　四大类作物1999—2022年总申请量居前10位的植物属种分布

作物种类	属种	申请量/件	占总申请量比例/%	作物种类	属种	申请量/件	占总申请量比例/%
大田作物	玉米	20 427	35.47	蔬菜	辣椒属	1 257	2.18
	水稻	15 070	26.17		普通番茄	1 076	1.87
	普通小麦	4 049	7.03		普通西瓜	730	1.27
	大豆	2 385	4.14		黄瓜	543	0.94
	棉属	1 075	1.87		不结球白菜	505	0.88

（续）

作物种类	属种	申请量/件	占总申请量比例/%	作物种类	属种	申请量/件	占总申请量比例/%
大田作物	花生	766	1.33	蔬菜	甜瓜	484	0.84
	甘蓝型油菜	721	1.25		大白菜	375	0.65
	马铃薯	457	0.79		普通结球甘蓝	266	0.46
	茶组	428	0.74		茄子	203	0.35
	甘薯	370	0.64		西葫芦	198	0.34
花卉	蝴蝶兰属	1 136	1.97	果树	苹果属	375	0.65
	菊属	1 125	1.95		葡萄属	306	0.53
	花烛属	404	0.70		猕猴桃属	297	0.52
	石竹属	289	0.50		草莓	293	0.51
	非洲菊	260	0.45		桃	277	0.48
	朱顶红属	180	0.31		梨属	240	0.42
	兰属	177	0.31		柑橘属	213	0.37
	百合属	161	0.28		樱桃	104	0.18
	莲	130	0.23		香蕉	88	0.15
	矮牵牛（碧冬茄）	87	0.15		杧果	55	0.10

同比2021年，2022年大田作物申请量前10位中除5 ～ 10位的顺序有变动外，其他无变化。前5位主要农作物占比94.14%，占比有上升；占年度所有作物申请量的69.92%，占比有所下降（表4）。其中：玉米品种3 859件，含自交系2 403件，占比62.27%，杂交种1 454件，占比37.68%，不育系2件，占比0.05%（图44）。水稻品种2 232件，含常规种1 130件，占比50.63%，杂交种457件，占比20.47%，恢复系363件，占比16.26%，不育系252件，占比11.29%，保持系30件，占比1.34%（图45）。普通小麦品种550件，均为常规种，占比100%（图46）。大豆品种368件，含常规种367件，占比99.73%，恢复系1件，占比0.27%（图47）。棉属137件，含常规种121件，占比88.32%，杂交种16件，占比11.68%。137件棉花品种中转基因品种58件，占比42.34%，非转基因品种79件，占比57.66%（图48）。

表4　四大类作物2022年申请量居前10位的植物属种分布

作物种类	属种	申请量/件	占总申请量比例/%	作物种类	属种	申请量/件	占总申请量比例/%
大田作物	玉米	3 859	37.76	蔬菜	辣椒属	319	3.12
	水稻	2 232	21.84		普通番茄	273	2.67
	普通小麦	550	5.38		不结球白菜	147	1.44

（续）

作物种类	属种	申请量/件	占总申请量比例/%	作物种类	属种	申请量/件	占总申请量比例/%
大田作物	大豆	368	3.60	蔬菜	黄瓜	129	1.26
	棉属	137	1.34		普通西瓜	122	1.19
	向日葵	109	1.07		甜瓜	115	1.13
	花生	100	0.98		西葫芦	60	0.59
	茶组	90	0.88		豇豆	57	0.56
	甘蓝型油菜	84	0.82		大白菜	56	0.55
	马铃薯	62	0.61		南瓜	55	0.54
花卉	蝴蝶兰属	230	2.25	果树	苹果属	87	0.85
	菊属	179	1.75		桃	73	0.71
	朱顶红属	149	1.46		草莓	66	0.65
	花烛属	72	0.70		樱桃	66	0.65
	兰属	35	0.34		葡萄属	58	0.57
	石竹属	32	0.31		猕猴桃属	43	0.42
	矮牵牛（碧冬茄）	31	0.30		柑橘属	38	0.37
	非洲菊	27	0.26		梨属	27	0.26
	莲	26	0.25		凤梨属	23	0.23
	萱草属	15	0.15		量天尺属	19	0.19

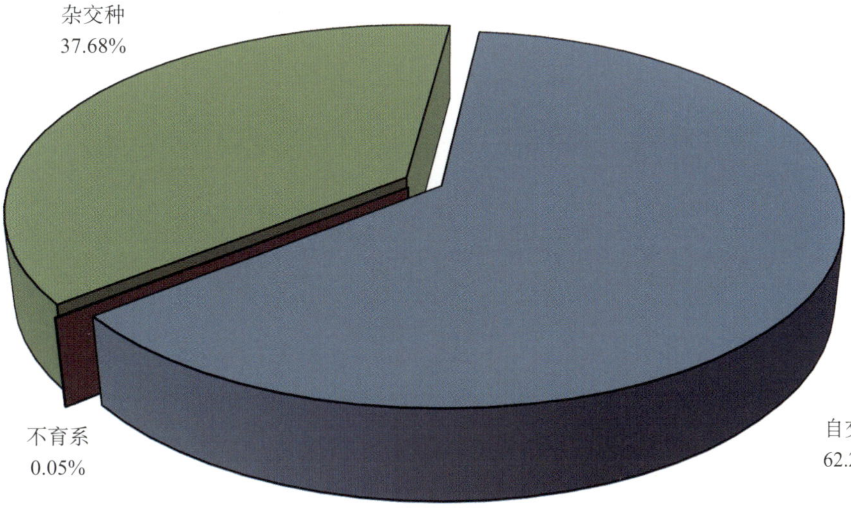

图44　2022年申请保护的玉米品种类型分布图

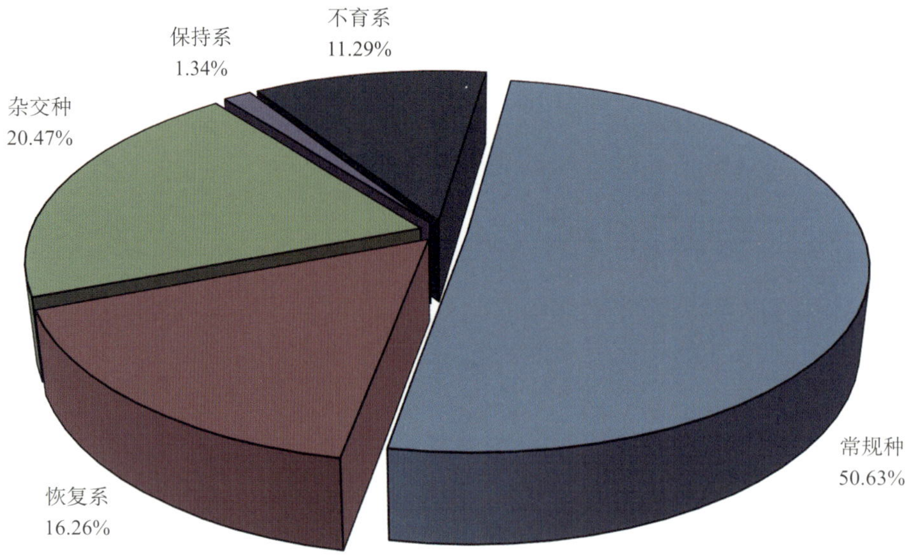

图45 2022年申请保护的水稻品种类型分布图

图46 2022年申请保护的小麦品种类型分布图

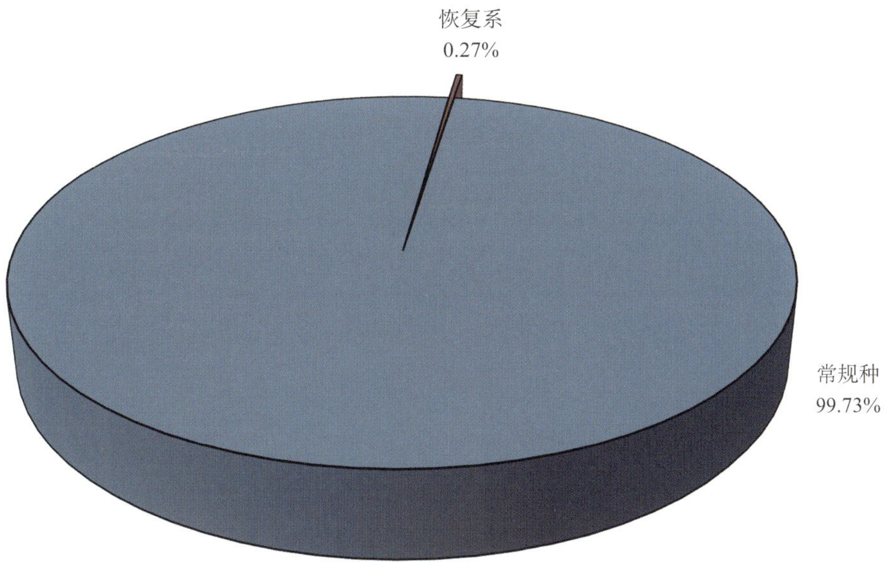

图47　2022年申请保护的大豆品种类型分布图

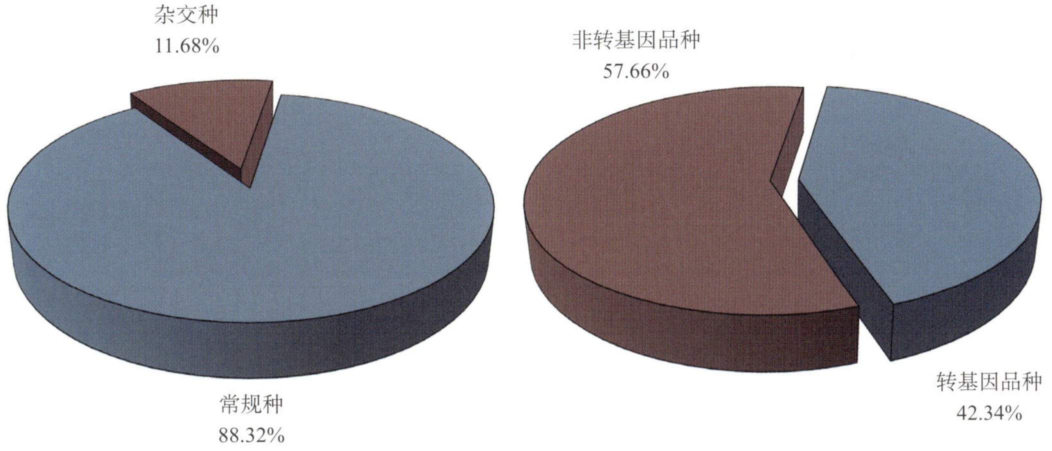

图48　2022年申请保护的棉属品种类型分布图

2022年，蔬菜申请量中居首位的依然是辣椒属319件，占比18.25%。同比2021年，西葫芦、豇豆和南瓜跃进前10，食用萝卜、青花菜和普通结球甘蓝跌出前10。花卉申请量中居首位的是蝴蝶兰属230件，占年度所有作物总申请量的2.25%。同比2021年，萱草属跃进前10，鸢尾属跌出前10。果树品种中居首位的是苹果属87件，占年度所有作物总申请量的0.85%。同比2021年，樱桃和量天尺属跃进前10，李和香蕉跌出前10。

（二）申请主体

1999—2022年，申请总量位于前50位的国内企业见表5，位于前50位的国内教学科研单位见表6，位于前30位的国外单位见表7（实际32家单位）。2022年，申请量位于前20位的国内企业见表8，位于前20位的国内教学科研单位见表9，位于前10位的国外单位见表10（实际11家单位）。[①]

表5　1999—2022年申请总量位于前50位的国内企业

排序	申请人	申请量/件
1	北京金色农华种业科技股份有限公司	696
2	三北种业有限公司	606
3	中国种子集团有限公司	454
4	袁隆平农业高科技股份有限公司	392
5	山东登海种业股份有限公司	348
6	北大荒垦丰种业股份有限公司	304
7	河南金苑种业股份有限公司	299
8	石家庄蠡玉科技开发有限公司	297
9	合肥丰乐种业股份有限公司	289
10	安徽荃银高科种业股份有限公司	289
11	福建金品农业科技股份有限公司	254
12	安徽隆平高科种业有限公司	251
13	三亚华玉创新种业有限责任公司	223
14	漳州钜宝生物科技股份有限公司	222
15	宁波微萌种业有限公司	204
16	中种国际种子有限公司	182
17	新疆金丰源种业有限公司	169
18	山东寿光蔬菜种业集团有限公司	161
19	天津科润农业科技股份有限公司	160
20	青岛金妈妈农业科技有限公司	160
21	甘肃五谷种业股份有限公司	160
22	河南金博士种业股份有限公司	158
23	湖南隆平种业有限公司	157
24	天津天隆科技股份有限公司	144
25	山西强盛种业有限公司	140
26	河南省豫玉种业股份有限公司	138

① 排名以第一申请主体统计；排名所用数据截至2022年12月31日。

（续）

排序	申请人	申请量/件
27	中林集团张掖金象种业有限公司	118
28	隆平农业发展股份有限公司	118
29	云南大天种业有限公司	116
30	山东圣丰种业科技有限公司	114
31	齐齐哈尔市富尔农艺有限公司	114
32	湖南袁创超级稻技术有限公司	110
33	北京联创种业有限公司	110
34	北京华农伟业种子科技有限公司	110
35	北京丰度高科种业有限公司	109
36	南通新禾生物技术有限公司	106
37	海南九圣禾农业科学研究院有限公司	106
38	上海乾德种业有限公司	104
39	德农种业股份公司	102
40	北京华耐农业发展有限公司	100
41	山西大丰种业有限公司	99
42	北京中农斯达农业科技开发有限公司	98
43	内蒙古蓝海新农农业发展有限公司	94
44	辽宁东亚种业有限公司	94
45	北京奥瑞金种业股份有限公司	93
46	襄阳正大农业开发有限公司	92
47	北京新锐恒丰种子科技有限公司	92
48	中山缤纷园艺有限公司	91
49	云南正大种子有限公司	91
50	内蒙古利禾农业科技发展有限公司	90

表6　1999—2022年申请总量位于前50位的国内教学科研单位

排序	申请主体	申请总量/件
1	北京市农林科学院	750
2	中国农业科学院作物科学研究所	573
3	江苏省农业科学院	568
4	广东省农业科学院水稻研究所	443
5	中国农业科学院郑州果树研究所	389

（续）

排序	申请主体	申请总量/件
6	上海市农业科学院	389
7	中国水稻研究所	384
8	浙江省农业科学院	352
9	广西壮族自治区农业科学院	346
10	安徽省农业科学院水稻研究所	307
11	黑龙江省农业科学院水稻研究所	303
12	吉林省农业科学院	271
13	四川省农业科学院作物研究所	255
14	河南省农业科学院	244
15	黑龙江省农业科学院绥化分院	237
16	河南省新乡市农业科学院	219
17	中国热带农业科学院热带作物品种资源研究所	216
18	中国农业科学院蔬菜花卉研究所	214
19	河北省农林科学院粮油作物研究所	213
20	广东省农业科学院环境园艺研究所	201
21	黑龙江省农业科学院佳木斯分院	190
22	中国农业科学院棉花研究所	172
23	河北省农林科学院旱作农业研究所	171
24	山东省农业科学院玉米研究所	167
25	云南省农业科学院花卉研究所	166
26	宁波市农业科学研究院	163
27	江苏里下河地区农业科学研究所	158
28	中国科学院遗传与发育生物学研究所	156
29	三明市农业科学研究院	155
30	山东省农业科学院	154
31	福建省农业科学院水稻研究所	152
32	湖南杂交水稻研究中心	149
33	山东省水稻研究所	141
34	重庆市农业科学院	140
35	黑龙江省农业科学院耕作栽培研究所	138
36	广东省农业科学院作物研究所	138
37	云南省农业科学院甘蔗研究所	136

（续）

排序	申请主体	申请总量/件
38	通化市农业科学研究院	131
39	湖北省农业科学院粮食作物研究所	130
40	山东省农业科学院作物研究所	129
41	中国农业科学院果树研究所	128
42	黑龙江省农业科学院齐齐哈尔分院	126
43	江苏徐淮地区徐州农业科学研究所	122
44	绵阳市农业科学研究院	117
45	四川省农业科学院水稻高粱研究所	116
46	石家庄市农林科学研究院	116
47	江苏徐淮地区淮阴农业科学研究所	115
48	云南省农业科学院粮食作物研究所	114
49	安徽省农业科学院作物研究所	107
50	丹东农业科学院	106

表7　1999—2022年申请总量位于前30位的国外单位

排序	申请主体	申请总量/件
1	先锋国际良种公司	496
2	荷兰安祖公司	355
3	孟山都科技有限责任公司	261
4	先正达农作物保护股份公司	213
5	科沃施种子欧洲股份两合公司	202
6	利马格兰欧洲	195
7	荷兰德丽品种权公司	166
8	先正达参股股份有限公司	113
9	瑞克斯旺种子种苗集团公司	73
10	大韩民国农村振兴厅	72
11	克莱姆+索恩股份有限公司	54
12	坂田种苗株式会社	52
13	荷兰多盟集团公司	49
14	法国RAGT 2n SAS公司	46
15	荷兰德克育种公司	40
16	德瑞斯克公司	38
17	国立研究开发法人农业·食品产业技术综合研究机构	36

（续）

排序	申请主体	申请总量/件
18	以色列丹姿格“丹”花卉农场	32
19	圣尼斯蔬菜种子有限公司	32
20	荷兰科贝克公司	26
21	荷兰瑞恩育种公司	25
22	荷兰希维达科易记花卉公司	23
23	加利福尼亚大学董事会	21
24	国际水果遗传育种有限责任公司	21
25	忠清南道厅	18
26	荷兰佛劳瑞泰克育种公司	18
27	优利斯种业	17
28	斯泰种业公司	17
29	荷兰希维达福劳瑞斯特花卉公司	16
30	荷兰纽内姆种子公司	16
31	荷兰科比品种权公司	16
32	荷兰HZPC公司	16

表8　2022年申请量位于前20位的国内企业

排序	申请主体	申请量/件
1	三亚华玉创新种业有限责任公司	176
2	三北种业有限公司	112
3	甘肃五谷种业股份有限公司	90
4	袁隆平农业高科技股份有限公司	88
5	隆平农业发展股份有限公司	87
6	中国种子集团有限公司	74
7	青岛金妈妈农业科技有限公司	74
8	宁波微萌种业有限公司	71
9	石家庄蠡玉科技开发有限公司	69
10	新疆金丰源种业有限公司	55
11	安徽荃银高科种业股份有限公司	55
12	山东登海种业股份有限公司	52
13	中林集团张掖金象种业有限公司	51
14	安徽隆平高科种业有限公司	49

（续）

排序	申请主体	申请量/件
15	合肥丰乐种业股份有限公司	46
16	福建金品农业科技股份有限公司	45
17	漳州钜宝生物科技有限公司	44
18	云南大天种业有限公司	42
19	河南鼎优农业科技有限公司	39
20	云南正大种子有限公司	38

表9　2022年申请量位于前20位的国内教学科研单位

排序	申请主体	申请量/件
1	北京市农林科学院	153
2	广东省农业科学院环境园艺研究所	133
3	广西壮族自治区农业科学院	132
4	中国农业科学院作物科学研究所	98
5	山东省农业科学院	97
6	广东省农业科学院水稻研究所	85
7	浙江省农业科学院	82
8	黑龙江省农业科学院水稻研究所	78
9	江苏省农业科学院	71
10	中国热带农业科学院热带作物品种资源研究所	67
11	中国农业科学院果树研究所	64
12	宁波市农业科学研究院	63
13	上海市农业科学院	59
14	中国农业科学院郑州果树研究所	58
15	中国水稻研究所	57
16	黑龙江省农业科学院绥化分院	46
17	黑龙江省农业科学院佳木斯分院	43
18	通化市农业科学研究院	40
19	石家庄市农林科学研究院	36
20	吉林省农业科学院	36

表10 2022年申请量位于前10位的国外单位

排序	申请主体	申请量/件
1	先正达农作物保护股份公司	121
2	利马格兰欧洲	67
3	先锋国际良种公司	56
4	荷兰安祖公司	43
5	科沃施种子欧洲股份两合公司	42
6	孟山都科技有限责任公司	15
7	以色列丹姿格“丹”花卉农场	14
8	荷兰多盟集团公司	14
9	荷兰德丽品种权公司	13
10	瑞克斯旺种子种苗集团公司	9
11	博姆北方马铃薯农业生产有限公司	9

（三）品种权主体

1999—2022年，获得授权总量位于前50位的国内企业见表11（实际51家企业），位于前50位的国内教学科研单位见表12（实际52家企业），位于前20位的国外单位见表13（实际22家企业）。2022年，获得授权量位于前20位的国内企业见表14（实际23家企业），位于前20位的国内教学科研单位见表15，位于前10位的国外单位见表16（实际11家单位）。①

表11 1999—2022年授权总量位于前50位的国内企业

排序	品种权主体	授权总量/件
1	北京金色农华种业科技股份有限公司	300
2	山东登海种业股份有限公司	191
3	袁隆平农业高科技股份有限公司	182
4	中国种子集团有限公司	176
5	北大荒垦丰种业股份有限公司	146
6	三北种业有限公司	122
7	湖南隆平种业有限公司	121
8	安徽荃银高科种业股份有限公司	112
9	中种国际种子有限公司	102
10	河南金苑种业股份有限公司	90
11	安徽隆平高科种业有限公司	88

① 排名以第一品种权主体统计；排名所用数据截至2022年12月31日。

（续）

排序	品种权主体	授权总量/件
12	吉林吉农高新技术发展股份有限公司	78
13	河南金博士种业股份有限公司	76
14	合肥丰乐种业股份有限公司	75
15	北京奥瑞金种业股份有限公司	70
16	北京联创种业有限公司	67
17	辽宁东亚种业有限公司	64
18	北京华农伟业种子科技有限公司	62
19	云南大天种业有限公司	60
20	漳州钜宝生物科技有限公司	56
21	德农种业股份公司	56
22	山东省寿光市三木种苗有限公司	55
23	山西强盛种业有限公司	54
24	山西大丰种业有限公司	54
25	河南省豫玉种业股份有限公司	50
26	天津科润农业科技股份有限公司	49
27	福建金品农业科技股份有限公司	49
28	石家庄蠡玉科技开发有限公司	48
29	中山缤纷园艺有限公司	47
30	北京华耐农业发展有限公司	44
31	天津天隆科技股份有限公司	43
32	湖南袁创超级稻技术有限公司	43
33	昆明虹之华园艺有限公司	42
34	广东粤良种业有限公司	42
35	宁波微萌种业有限公司	41
36	莱州市金海作物研究所有限公司	40
37	湖北荃银高科种业有限公司	37
38	海南九圣禾农业科学研究院有限公司	37
39	北京中农斯达农业科技开发有限公司	37
40	承德裕丰种业有限公司	35
41	昆明缤纷园艺有限公司	34
42	创世纪种业有限公司	34

（续）

排序	品种权主体	授权总量/件
43	山东圣丰种业科技有限公司	33
44	湖南奥谱隆科技股份有限公司	33
45	甘肃五谷种业股份有限公司	33
46	浙江森禾集团股份有限公司	32
47	辽宁宏硕种业科技有限公司	30
48	江苏省大华种业集团有限公司	30
49	青岛金妈妈农业科技有限公司	29
50	河南隆平联创农业科技有限公司	29
51	北京新锐恒丰种子科技有限公司	29

表12　1999—2022年授权总量位于前50位的国内教学科研单位

排序	品种权主体	授权总量/件
1	江苏省农业科学院	352
2	中国农业科学院作物科学研究所	271
3	北京市农林科学院	260
4	河南省农业科学院	168
5	中国水稻研究所	165
6	上海市农业科学院	159
7	吉林省农业科学院	155
8	广东省农业科学院水稻研究所	153
9	安徽省农业科学院水稻研究所	138
10	浙江省农业科学院	136
11	四川省农业科学院作物研究所	124
12	中国农业科学院郑州果树研究所	113
13	绵阳市农业科学研究院	107
14	黑龙江省农业科学院绥化分院	103
15	山东省农业科学院玉米研究所	97
16	中国农业科学院蔬菜花卉研究所	93
17	河南省新乡市农业科学院	89
18	河北省农林科学院粮油作物研究所	85
19	广西壮族自治区农业科学院水稻研究所	83
20	湖南杂交水稻研究中心	82

（续）

排序	品种权主体	授权总量/件
21	黑龙江省农业科学院佳木斯分院	76
22	中国农业科学院棉花研究所	71
23	通化市农业科学研究院	69
24	黑龙江省农业科学院佳木斯水稻研究所	68
25	江苏徐淮地区徐州农业科学研究所	68
26	山东省农业科学院作物研究所	68
27	福建省农业科学院水稻研究所	67
28	江苏里下河地区农业科学研究所	67
29	中国科学院遗传与发育生物学研究所	66
30	黑龙江省农业科学院水稻研究所	62
31	江苏徐淮地区淮阴农业科学研究所	62
32	湖北省农业科学院粮食作物研究所	61
33	江苏丘陵地区镇江农业科学研究所	61
34	云南省农业科学院花卉研究所	60
35	铁岭市农业科学院	59
36	云南省农业科学院粮食作物研究所	59
37	安徽省农业科学院作物研究所	58
38	云南省农业科学院	58
39	宁波市农业科学研究院	56
40	黑龙江省农业科学院作物育种研究所	55
41	江苏沿海地区农业科学研究所	55
42	河北省农林科学院旱作农业研究所	54
43	山东棉花研究中心	54
44	周口市农业科学院	54
45	广东省农业科学院作物研究所	52
46	丹东农业科学院	49
47	黑龙江省农业科学院玉米研究所	49
48	广西壮族自治区农业科学院	48
49	贵州省油菜研究所	48
50	上海市农业生物基因中心	48
51	中国热带农业科学院热带作物品种资源研究所	48
52	重庆市农业科学院	48

表13　1999—2022年授权总量位于前20位的国外单位

排序	品种权主体	授权总量/件
1	先锋国际良种公司	285
2	荷兰安祖公司	169
3	孟山都科技有限责任公司	129
4	荷兰德丽品种权公司	119
5	利马格兰欧洲	75
6	科沃施种子欧洲股份两合公司	65
7	先正达参股股份有限公司	61
8	大韩民国农村振兴厅	46
9	瑞克斯旺种子种苗集团公司	33
10	荷兰多盟集团公司	30
11	圣尼斯蔬菜种子有限公司	23
12	荷兰科贝克公司	18
13	法国RAGT 2n SAS公司	18
14	荷兰希维达科易记花卉公司	17
15	荷兰佛劳瑞泰克育种公司	15
16	荷兰HZPC公司	15
17	荷兰科比品种权公司	13
18	国际水果遗传育种有限责任公司	13
19	坂田种苗株式会社	13
20	意大利比安切瑞阿尔贝托公司	12
21	加利福尼亚大学董事会	12
22	荷兰德克育种公司	12

表14　2022年授权量位于前20位的国内企业

排序	品种权主体	授权量/件
1	袁隆平农业高科技股份有限公司	65
2	云南大天种业有限公司	42
3	北大荒垦丰种业股份有限公司	36
4	河南金苑种业股份有限公司	31
5	安徽荃银高科种业股份有限公司	27
6	北京华农伟业种子科技有限公司	23
7	北京金色农华种业科技股份有限公司	19

（续）

排序	品种权主体	授权量/件
8	北京新锐恒丰种子科技有限公司	19
9	中国种子集团有限公司	19
10	中种国际种子有限公司	18
11	辽宁宏硕种业科技有限公司	17
12	中林集团张掖金象种业有限公司	17
13	合肥丰乐种业股份有限公司	16
14	三北种业有限公司	16
15	镇江市镇研种业有限公司	15
16	云南滇玉种业有限公司	14
17	漳州钜宝生物科技有限公司	14
18	青岛申荣农业发展有限公司	13
19	郑州北青种业有限公司	13
20	海南九圣禾农业科学研究院有限公司	12
21	湖南隆平种业有限公司	12
22	江苏恒润高新农业发展有限公司	12
23	辽宁东亚种业有限公司	12

表15　2022年授权量位于前20位的国内教学科研单位

排序	品种权主体	授权量/件
1	浙江省农业科学院	41
2	中国水稻研究所	40
3	广东省农业科学院水稻研究所	38
4	中国农业科学院作物科学研究所	31
5	江苏省农业科学院	30
6	北京市农林科学院	30
7	吉林省农业科学院	29
8	广西壮族自治区农业科学院	28
9	河南省新乡市农业科学院	27
10	开封市农林科学研究院	22
11	中国农业科学院郑州果树研究所	20
12	黑龙江省农业科学院水稻研究所	20

(续)

排序	品种权主体	授权量/件
13	宁波市农业科学研究院	19
14	河南省农业科学院	17
15	中国热带农业科学院热带作物品种资源研究所	15
16	中国热带农业科学院南亚热带作物研究所	15
17	黑龙江省农业科学院绥化分院	15
18	中国农业科学院棉花研究所	14
19	山东省水稻研究所	14
20	四川省农业科学院作物研究所	13

表16　2022年授权量位于前10位的国外单位

排序	品种权主体	授权量/件
1	先锋国际良种公司	65
2	荷兰德丽品种权公司	34
3	孟山都科技有限责任公司	22
4	先正达参股股份有限公司	15
5	国际水果遗传育种有限责任公司	13
6	科沃施种子欧洲股份两合公司	13
7	利马格兰欧洲	9
8	荷兰德克育种公司	8
9	瑞克斯旺种子种苗集团公司	6
10	德瑞斯克公司	4
11	金子种苗株式会社	4

第三章　授权品种转化运用和保护概况

一、授权品种推广面积排行榜

根据全国农业技术推广服务中心统计，2022年，74种作物8 810个品种共计推广16.40亿亩*。其中，面积在1 000万亩以上的品种8个，分别为常规稻品种龙粳31，小麦品种济麦22、郑麦379，玉米品种裕丰303、郑单958、中科玉505、京科968和登海605（表17）。常规稻、杂交稻、冬小麦、玉米等大宗作物按推广10万亩以上统计，春小麦、大豆、冬油菜、马铃薯等作物按推广5万亩以上统计，其他作物按0.5万亩以上统计。数据汇总时对小数点后数字进行四舍五入，单位为万亩。此部分文字摘自《2022年全国农作物主要品种推广情况统计》。

表17　2022年主要大田作物授权品种推广面积排行榜

作物种类	常规稻	常规棉	大豆	冬小麦	玉米	杂交稻	杂交棉
品种	龙粳31	新陆中78	齐黄34	济麦22	裕丰303	晶两优华占	华杂棉H318
	绥粳27	新陆中80	合农95	郑麦379	郑单958	晶两优534	鲁H424
	黄华占	Z1112	黑农84	济麦44	中科玉505	荃优822	中棉所63
	南粳9108	新陆中73	蒙豆1137	郑麦1860	京科968	隆两优华占	创075
	中嘉早17	新陆中84	黑科60	西农511	登海605	荃优丝苗	中棉所99
	绥粳28	创棉508	合农85	百农4199	东单1331	宜香优2115	华惠4
	绥粳18	鲁棉研37	中黄13	周麦36	先玉335	泰优390	鲁棉研40
	中早39	新陆中54	东生19	中麦578	秋乐368	C两优华占	瑞杂816
	淮稻5	源棉新13305	东生17	新麦26	联创839	晶两优8612	鲁棉研34
	龙粳1624	新陆早66	黑农531	百农207	农大372	晶两优1377	创072
占各作物推广总面积比例/%	32.90	17.39	20.09	28.90	20.89	18.79	30.35

注：根据全国农业推广服务中心2022年推广面积数据统计。

* 亩为非法定计量单位，1亩≈667m²。——编者注

二、主要品种转化运用情况

品种申请权及品种权的合理转让流动可以实现品种资源的优化配置。截至2022年年底，按照官方备案数据统计，我国共有1 996件申请保护的品种转让。其中，玉米品种最多，达到886件，占比44.39%；其次为水稻品种，396件，占比19.84%。2022年我国品种申请权及品种权转让数量为252件，相比2021年增加了38件（图49）。

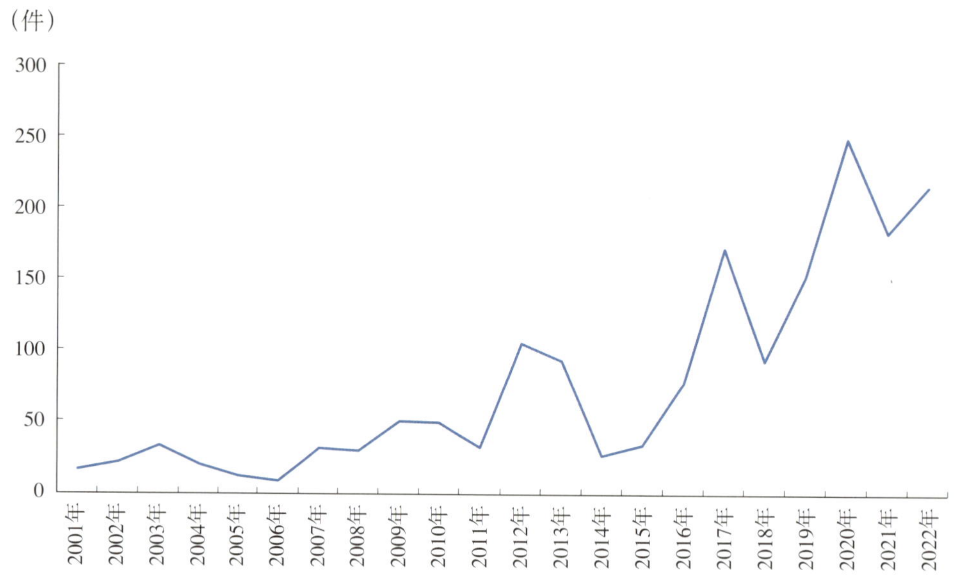

图49　品种申请权及品种权转让变动

三、授权品种质押备案情况

近年来，种业企业为盘活资金，将品种权质押给银行进行融资的做法越来越普遍，为助力种业企业开辟融资渠道，开展并规范了品种权质押备案业务，2022年，办理品种权质押备案66件，涉及金额3.613亿，同比增长312%。截至2022年，共办理品种权质押备案84件，涉及金额5.231亿元。

第四章　植物新品种保护国际动态[①]

国际植物新品种保护联盟（UPOV）是1961年在《国际植物新品种保护公约》基础上建立的一个独立的政府间国际组织，总部设在瑞士日内瓦，旨在提供和推动形成一个有效的植物品种保护体系，从而鼓励植物新品种的开发，造福社会。该组织通过协调各国在植物新品种保护制度上的差异，在世界范围内建立起较为统一的制度体系，促进了植物新品种保护的国际化。

一、UPOV主要成员植物新品种保护动态

（一）UPOV成员动态

截至2022年年底，UPOV共有78个成员，包括76个国家和2个国际组织——欧盟（EU）、非洲知识产权组织（OAPI），共涵盖120个国家。78个成员中执行UPOV公约1978年文本有17个，执行1991年文本的有61个（表18）。中国于1999年加入UPOV，目前执行的是UPOV公约1978年文本。

表18　UPOV各成员执行的公约文本概况

序号	国家/组织	执行文本	序号	国家/组织	执行文本	序号	国家/组织	执行文本
1	非洲知识产权组织	1991年文本	10	波黑	1991年文本	19	捷克	1991年文本
2	阿尔巴尼亚	1991年文本	11	巴西	1978年文本	20	丹麦	1991年文本
3	阿根廷	1978年文本	12	保加利亚	1991年文本	21	多米尼加	1991年文本
4	澳大利亚	1991年文本	13	加拿大	1991年文本	22	厄瓜多尔	1978年文本
5	奥地利	1991年文本	14	智利	1978年文本	23	埃及	1991年文本
6	阿塞拜疆	1991年文本	15	中国	1978年文本	24	爱沙尼亚	1991年文本
7	白俄罗斯	1991年文本	16	哥伦比亚	1978年文本	25	欧盟	1991年文本
8	比利时	1991年文本	17	哥斯达黎加	1991年文本	26	芬兰	1991年文本
9	玻利维亚	1978年文本	18	克罗地亚	1991年文本	27	法国	1991年文本

① 本章数据由UPOV官网数据整理而成，相关申请和授权的数据包括农业和林业方面的数据。

（续）

序号	国家/组织	执行文本	序号	国家/组织	执行文本	序号	国家/组织	执行文本
28	格鲁吉亚	1991年文本	45	新西兰	1978年文本	62	斯洛文尼亚	1991年文本
29	德国	1991年文本	46	尼加拉瓜	1978年文本	63	南非	1978年文本
30	匈牙利	1991年文本	47	北马其顿	1991年文本	64	西班牙	1991年文本
31	冰岛	1991年文本	48	挪威	1978年文本	65	瑞典	1991年文本
32	爱尔兰	1991年文本	49	阿曼	1991年文本	66	瑞士	1991年文本
33	以色列	1991年文本	50	巴拿马	1991年文本	67	特立尼达和多巴哥	1978年文本
34	意大利	1978年文本	51	巴拉圭	1978年文本	68	突尼斯	1991年文本
35	日本	1991年文本	52	秘鲁	1991年文本	69	土耳其	1991年文本
36	约旦	1991年文本	53	波兰	1991年文本	70	乌克兰	1991年文本
37	肯尼亚	1991年文本	54	葡萄牙	1978年文本	71	英国	1991年文本
38	吉尔吉斯斯坦	1991年文本	55	韩国	1991年文本	72	坦桑尼亚	1991年文本
39	拉脱维亚	1991年文本	56	摩尔多瓦	1991年文本	73	美国	1991年文本
40	立陶宛	1991年文本	57	罗马尼亚	1991年文本	74	乌拉圭	1978年文本
41	墨西哥	1978年文本	58	俄罗斯	1991年文本	75	乌兹别克斯坦	1991年文本
42	黑山	1991年文本	59	塞尔维亚	1991年文本	76	越南	1991年文本
43	摩洛哥	1991年文本	60	新加坡	1991年文本	77	圣文森特和格林纳丁斯	1991年文本
44	荷兰	1991年文本	61	斯洛伐克	1991年文本	78	加纳	1991年文本

（二）植物新品种保护范围

植物品种权保护范围，是指纳入各成员植物新品种保护名录的植物属种。名录开放程度体现保护范围的大小，也体现了育种公平性（表19）。

表19　UPOV成员植物新品种保护范围

成员	保护范围	成员	保护范围	成员	保护范围
爱尔兰	全部	肯尼亚	全部	越南	全部
爱沙尼亚	全部	拉脱维亚	全部	摩洛哥	全部
奥地利	全部	立陶宛	全部	埃及	52
澳大利亚	全部	罗马尼亚	全部	阿曼	44
巴拿马	全部	美国	全部	阿尔巴尼亚	21
白俄罗斯	全部	秘鲁	全部	阿塞拜疆	31

（续）

成员	保护范围	成员	保护范围	成员	保护范围
比利时	全部	摩尔多瓦	全部	北马其顿	23
保加利亚	全部	欧盟	全部	阿根廷*	全部
冰岛	全部	日本	全部	巴拉圭*	全部
波兰	全部	约旦	全部	玻利维亚*	全部
丹麦	全部	瑞典	全部	厄瓜多尔*	全部
德国	全部	瑞士	全部	哥伦比亚*	全部
多米尼加	全部	塞尔维亚	全部	墨西哥*	全部
俄罗斯	全部	斯洛伐克	全部	尼加拉瓜*	全部
法国	全部	斯洛文尼亚	全部	挪威*	全部
非洲知识产权组织	全部	坦桑尼亚	全部	葡萄牙*	全部
芬兰	全部	突尼斯	全部	乌拉圭*	全部
哥斯达黎加	全部	土耳其	全部	新西兰*	全部
格鲁吉亚	全部	乌克兰	全部	意大利*	全部
韩国	全部	西班牙	全部	智利*	全部
荷兰	全部	新加坡	全部	中国*	444
黑山	全部	匈牙利	全部	南非*	446
吉尔吉斯斯坦	全部	以色列	全部	巴西*	230
加拿大	全部	英国	全部	特立尼达和多巴哥*	32
捷克	全部	波黑	全部	圣文森特和格林纳丁斯	全部
克罗地亚	全部	乌兹别克斯坦	全部	加纳	—

注：*代表此成员是UPOV公约1978年文本成员，未带*代表该成员是UPOV公约1991年文本成员；“全部”代表保护全部植物属种，属种数量按照UPOV代码计算；数据由UPOV官网数据整理而成。

（三）国际植物新品种保护申请情况

据UPOV官方数据统计，1984—2022年UPOV品种权累计申请量为47.40万件，排名前5的联盟成员依旧是：欧盟（7.85万件）、中国（7.12万件）、美国（4.71万件）、日本（3.56万件）、荷兰（3.40万件）。前10位排名同2021年一致（图50）。

2022年，全球共受理品种权申请27 187件。其中，年度申请量超过500件的联盟成员分别是：中国（13 027件）、欧盟（3 193件）、英国（1 702件）、美国（1 375件）①、俄罗斯（865件）、乌克兰（789件）、荷兰（684件）、日本（683件）、韩国（557件）。

① 美国数据包括植物新品种保护和植物专利申请。

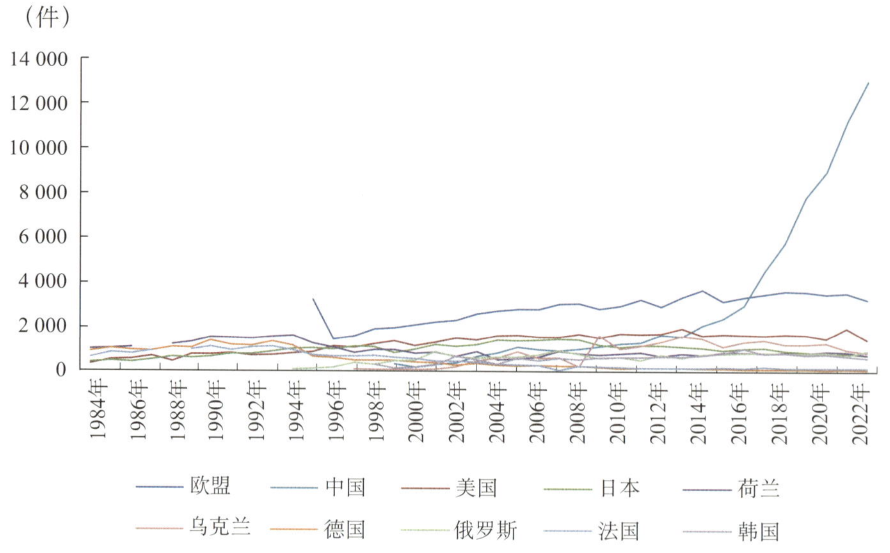

图50　1984—2022年UPOV主要成员品种权申请量趋势图

（四）国际植物新品种保护授权情况

据UPOV官方数据统计，1984—2021年全球品种权累计授权量33.10万件，有效品种权共计16.12万件。累计授权量排名前5的联盟成员分别是：欧盟（6.24万件）、美国（4.21万件）[①]、日本（2.97万件）、中国（2.71万件）、荷兰（2.52万件），相比2021年，中国和荷兰的排名进行了调换（图51）。

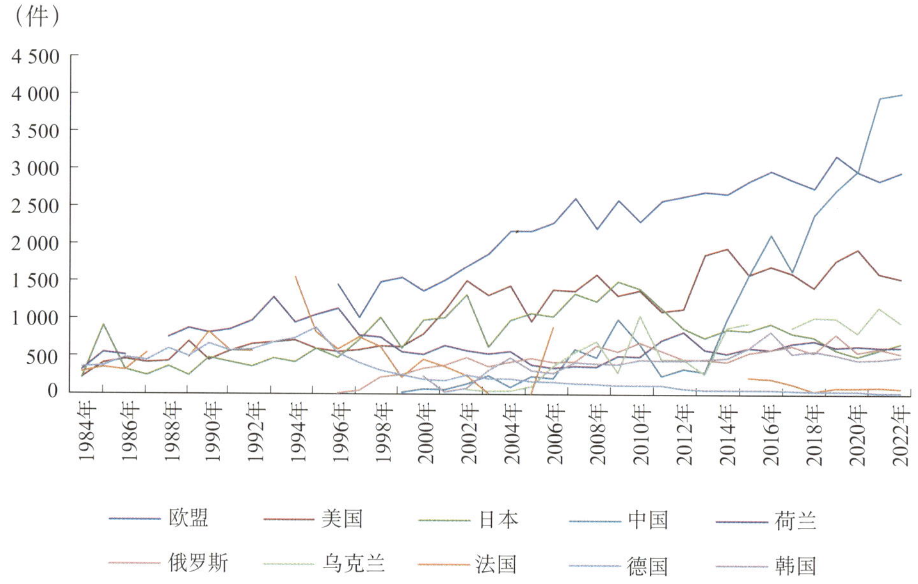

图51　1984—2022年UPOV主要成员品种权授权量趋势图

① 美国数据包括植物新品种保护和植物专利授权。

2022年全球共授予品种权14 860件。其中，年度授权量超过500件的联盟成员有：中国（4 026件）、欧盟（2 964件）、美国（1 544件）①、乌克兰（956件）、日本（672件）、荷兰（623件）、俄罗斯（537件）、韩国（501件）。

1984—2022年，全球有效品种权总量为161 232件，国际占有率排名前5的成员依旧为欧盟、美国、中国、乌克兰和荷兰（表20）。

表20　1984—2022年UPOV主要成员有效品种权国际占有率

排序	UPOV成员	执行文本	有效品种权总量/件	占比/%
1	欧盟	1991	30 562	18.96
2	美国	1991	28 442	17.64
3	中国	1978	23 585	14.63
4	乌克兰	1991	11 880	7.37
5	荷兰	1991	9 742	6.04
6	日本	1991	7 599	4.71
7	俄罗斯	1991	6 592	4.09
8	韩国	1991	6 238	3.87
9	南非	1978	3 637	2.26
10	巴西	1978	2 684	1.66

2022年，全球新增有效品种权7 127件②，国际占有率排名前5的成员分别为：中国、欧盟、乌克兰、荷兰和土耳其（表21）。

表21　2022年UPOV主要成员有效品种权国际占有率

排序	UPOV成员	执行文本	有效品种权量/件	占比/%
1	中国	1978	3 889	54.57
2	欧盟	1991	984	13.81
3	乌克兰	1991	797	11.18
4	荷兰	1991	282	3.96
5	土耳其	1991	275	3.86
6	阿塞拜疆	1991	247	3.47
7	韩国	1991	239	3.35
8	美国	1991	232	3.26
9	墨西哥	1978	190	2.67
10	俄罗斯	1991	175	2.46

① 美国数据包括植物新品种保护和植物专利授权。

② 有效品种权量是指授权后在保护期内的新品种，2022年存在部分成员品种权届满或其他情况，因此新增有效品种权量小于有效品种权量。

二、UPOV主要成员新品种保护国际化水平

从总体来看，1984—2022年，国民申请量、授权量与非国民申请量、授权量保持一致，呈稳步上升趋势（图52、图53）。

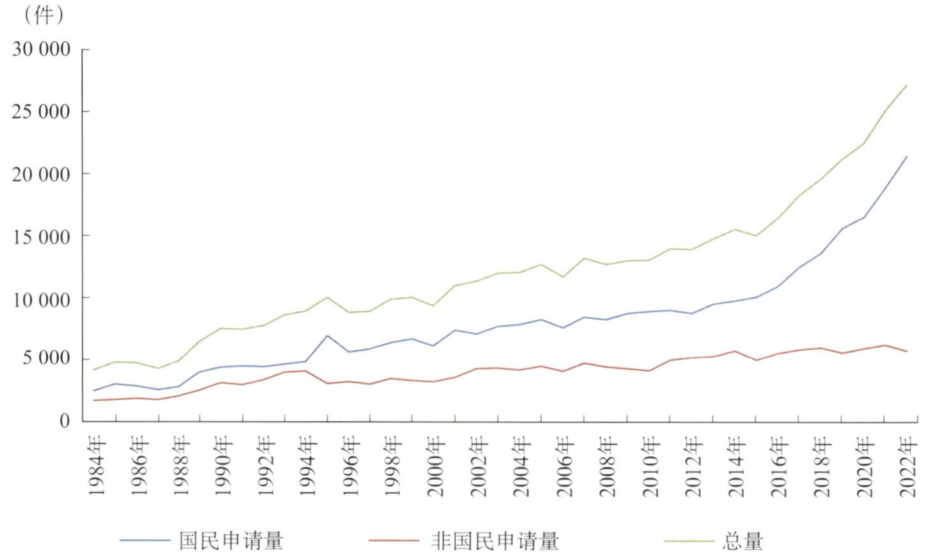

图52 1984—2022年UPOV成员国民与非国民申请量变动图

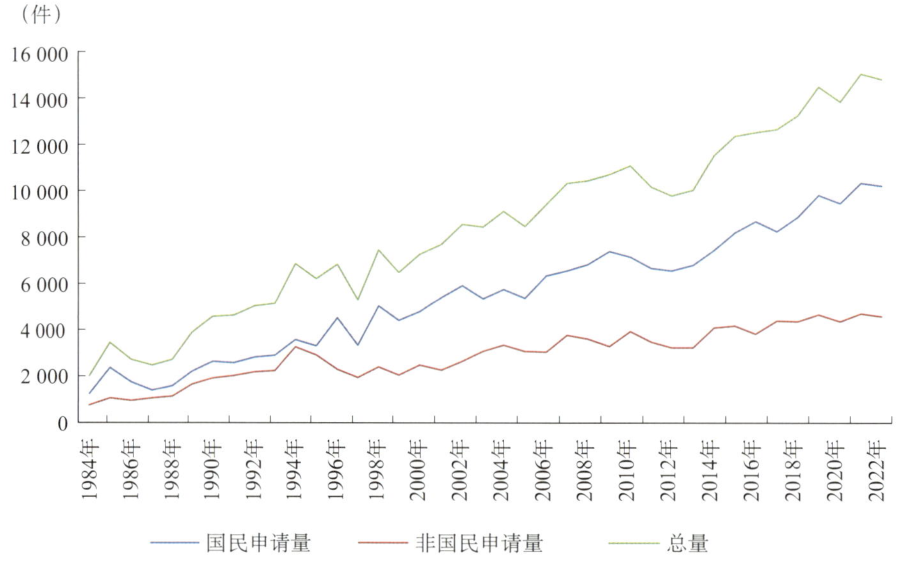

图53 1984—2022年UPOV成员国民与非国民授权量变动图

2022年申请量居前10位的国家品种权申请及授权情况见表22。

表22 2022年申请量居前10位的国家品种权申请及授权情况

序号	成员	申请量					授权量				
		国民		非国民		合计/件	国民		非国民		合计/件
		件数	占比/%	件数	占比/%		件数	占比/%	件数	占比/%	
1	中国	12 333	94.67	694	5.33	13 027	3 651	90.69	375	9.31	4 026
2	CPVO	2 543	79.64	650	20.36	3 193	2 288	77.19	676	22.81	2 964
3	英国	1 535	90.19	167	9.81	1 702	64	95.52	3	4.48	67
4	美国	720	52.36	655	47.64	1 375	850	55.05	694	44.95	1 544
5	俄罗斯	589	68.09	276	31.91	865	406	75.61	131	24.39	537
6	乌克兰	297	37.64	492	62.36	789	386	40.38	570	59.62	956
7	荷兰	516	75.44	168	24.56	684	534	85.71	89	14.29	623
8	日本	464	67.94	219	32.06	683	475	70.68	197	29.32	672
9	韩国	432	77.56	125	22.44	557	433	86.43	68	13.57	501
10	阿根廷	354	81.94	78	18.06	432	121	63.35	70	36.65	191

随着农业全球化的快速发展，各成员向国外申请品种权量和获得授权量总体均呈上升趋势（图54）。

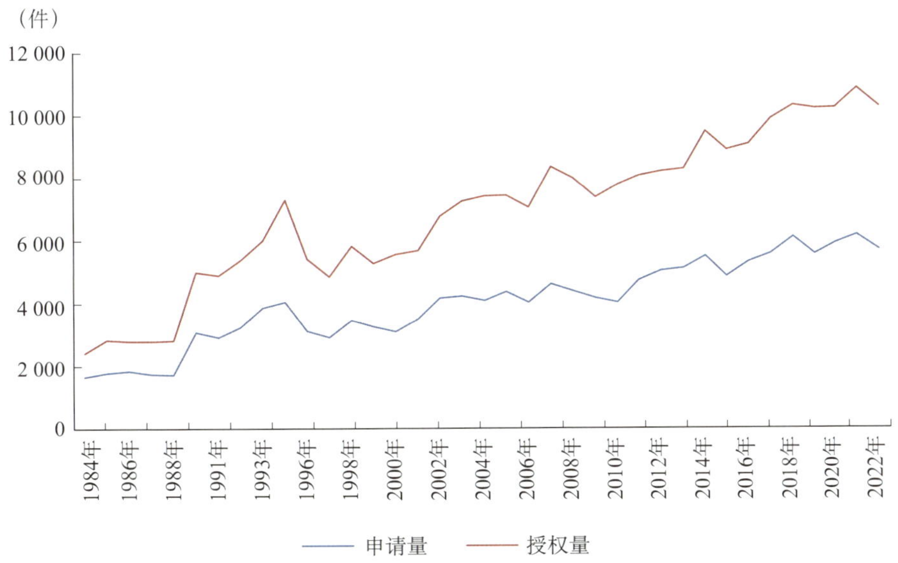

图54 1984—2022年UPOV成员向国外申请品种权量和获得授权量变动图

2022年，UPOV成员共向国外申请品种权5 694件，获得授权4 579件。其中，美国以1 400件的申请量和1 259件的授权量位居各成员之首（表23）。

表23　2022年向国外申请品种权量和获得授权量居前10位的UPOV成员概况

序号	成员	向国外申请品种权量/件	向国外申请品种权量占比/%	获得授权量/件	获得授权量占比/%
1	美国	1 400	24.59	1 259	27.50
2	荷兰	1 267	22.25	1 039	22.69
3	瑞士	657	11.54	345	7.53
4	法国	532	9.34	336	7.34
5	德国	484	8.50	390	8.52
6	日本	204	3.58	144	3.14
7	西班牙	151	2.65	128	2.80
8	澳大利亚	129	2.27	174	3.80
9	英国	122	2.14	108	2.36
10	以色列	94	1.65	87	1.90

三、UPOV主要成员审查测试国际合作

截止到2022年年底，UPOV成员中共有48个国家和组织采取不同方式在不同的植物属种范围内与其他成员签署了植物新品种审查测试国际合作协议。其中，参与审查测试合作的UPOV公约1978年文本成员有10位，UPOV公约1991年文本成员38位（表24）。

表24　委托测试的UPOV成员和测试属种情况

成员	提供测试		委托测试		成员	提供测试		委托测试	
	测试属种	对象成员	测试属种	对象成员		测试属种	对象成员	测试属种	对象成员
荷兰	591	<>/20	16	3	玻利维亚*	4	<>	/	/
英国	37	<>/13	7	3	以色列	4	4	/	/
德国	482	<>/17	39	4	墨西哥*	6	2	/	/
法国	257	<>/15	29	3	挪威*	4	1	6	2
波兰	317	24	14	2	克罗地亚	3	3	13	5
匈牙利	155	<>/9	42	3	爱尔兰	2	1	2	2
西班牙	175	<>/1	4	4	巴拿马	2	1	1	1
肯尼亚	66	<>/2	2	2	澳大利亚	4	2	/	/
捷克	56	10	89	6	哥伦比亚*	1	2	/	/
斯洛伐克	35	10	8	3	韩国	1	1	/	/
摩洛哥	25	<>	/	/	摩尔多瓦	2	1	7	2
拉脱维亚	21	2	3	1	新西兰*	1	1	/	/

（续）

成员	提供测试		委托测试		成员	提供测试		委托测试	
	测试属种	对象成员	测试属种	对象成员		测试属种	对象成员	测试属种	对象成员
葡萄牙*	20	1	/	/	美国	1	1	/	/
丹麦	17	<>/9	27	5	乌拉圭*	1	<>	/	/
瑞典	1	1	3	1	南非*	1	1	/	/
吉尔吉斯斯坦	15	<>	/	/	欧盟	/	/	1 408	29
芬兰	13	<>/2	2	2	立陶宛	/	/	99	1
意大利*	10	2	/	/	斯洛文尼亚	/	/	4	3
奥地利	13	2	69	8	巴西*	/	/	6	2
罗马尼亚	11	1	8	2	瑞士	/	/	3	2
保加利亚	10	2	/	/	新加坡	/	/	1	1
比利时	7	6	139	7	坦桑尼亚	/	/	1	1
爱沙尼亚	7	<>/3	15	4	格鲁吉亚	1	1	/	/
日本	1	1	1	1	厄瓜多尔*	/	/	1	1

注：表中不包括涉及签订全部属种审查测试国际合作协议的数据。表中不包括正在磋商签订审查测试国际合作协议的数据。*表示UPOV公约1978年文本成员；未带*表示UPOV公约1991年文本成员；/表示无数据；< >表示对应国家指定的权威机构愿意为任何感兴趣的联盟成员进行测试；< >/数字表示部分作物种类可对任何联盟成员进行测试，部分作物种类可对部分联盟成员进行测试。

UPOV成员中有52个在不同的植物属种范围内通过购买其他成员测试报告进行审查。大部分的UPOV公约1978年文本成员和UPOV公约1991年文本成员均参与了审查测试国际合作（表25）。

表25 购买其他成员测试报告的UPOV成员数和植物属种数

成员	属种数	成员数	成员	属种数	成员数
欧盟	908	22	瑞典	12	5
匈牙利	144	4	芬兰	11	7
俄罗斯	68	26	立陶宛	11	4
克罗地亚	68	19	摩尔多瓦	10	1
巴西*	62	19	西班牙	9	6
法国	56	11	以色列	8	2
土耳其	49	9	中国*	8	5
乌克兰	45	21	保加利亚	7	10
波兰	44	4	斯洛伐克	8	3
挪威*	39	14	拉脱维亚	6	4

（续）

成员	属种数	成员数	成员	属种数	成员数
捷克	36	3	瑞士	5	4
荷兰	33	7	爱尔兰	4	2
厄瓜多尔*	44	9	比利时	4	2
德国	30	8	乌拉圭*	4	1
秘鲁	28	10	南非*	2	6
斯洛文尼亚	28	10	澳大利亚	3	1
摩洛哥	26	9	哥伦比亚*	3	3
墨西哥*	26	7	坦桑尼亚	3	3
英国	23	7	日本	2	2
丹麦	22	9	玻利维亚*	2	2
奥地利	21	9	葡萄牙*	2	2
塞尔维亚	20	7	加拿大	1	1
罗马尼亚	19	6	新加坡	1	1
爱沙尼亚	18	8	阿根廷	31	<>/1
白俄罗斯	16	9	智利*	1	1
肯尼亚	15	7	意大利	1	1

注：本章数据由UPOV官网数据整理而成。表中不包括涉及签订全部属种审查测试国际合作协议的数据。表中不包括正在磋商签订审查测试国际合作协议的数据。*表示UPOV公约 1978年文本成员；未带*表示UPOV公约 1991年文本成员；< >/数字表示部分作物种类可对任何联盟成员进行测试，部分作物种类可对部分联盟成员进行测试。

附　录

附录一　2022年农业植物新品种保护大事记

1月

28日　农业农村部、最高人民法院、最高人民检察院、工业和信息化部、公安部、市场监管总局和国家知识产权局联合发布《关于保护种业知识产权打击假冒伪劣套牌侵权营造种业振兴良好环境的指导意见》，落实《中华人民共和国种子法》（简称《种子法》），提高种业知识产权保护水平，严厉打击假冒伪劣、套牌侵权等违法犯罪行为。

2月

14—15日　派员参加东亚植物新品种保护论坛组织的植物新品种保护技术能力建设线上高级培训班，来自日本、韩国、越南等多个东亚国家一同参加培训，有助于我国与东亚国家加强植物新品种保护合作和交流。

3月

1日　第十三届全国人民代表大会常务委员会第三十二次会议审议通过的《全国人大常委会关于修改〈中华人民共和国种子法〉的决定》，当日起施行。

28日　农业农村部办公厅关于印发《2022—2023年全国种业监管执法年活动方案》的通知，要求加大品种权保护力度。

30日　农业农村部在北京组织召开种子法实施座谈会。

30日　我国农业植物新品种权申请量超5万件。

4月

23日　4月23日是我国加入国际植物新品种保护联盟（UPOV）23周年纪念日。

24日　农业农村部召开全国保护种业知识产权打击假冒伪劣套牌侵权视频会议，张桃林副部长出席会议并讲话。会议发布了

《2022年农业植物新品种保护十大典型案例》和首批打假护权种子检测机构推荐名单。

27日　派员参加国际无性繁殖园艺植物和果树育种者协会（CIOPORA）举办的"知识产权和执法专题研讨会"，作主题为《中国种业知识产权保护进展》的报告。

5月

6日　召开线上中欧植物新品种保护法律法规研讨会。

23—27日　国际植物新品种保护联盟（UPOV）第51届大田技术工作组（TWA）会议在英国召开，我国报告了DUS审查大数据平台研究进展，并向UPOV提交了绿豆DUS测试国际指南立项申请，得到了UPOV同意。

5月24日—6月1日　组织召开发展中国家植物新品种保护研修班，来自毛里求斯、斯里兰卡、菲律宾、缅甸、泰国等5个国家26名学员参加培训。

6月

2日　派员参加在海南省三亚市召开的《区域全面经济伙伴关系协定》（RCEP）种业知识产权保护论坛，论坛是RCEP生效后，首次面向区域成员国以种业知识产权保护为主题的活动，中国、日本、韩国、澳大利亚、新西兰以及东盟10国等15个国家参加会议。

28日　派员参加种子法执法调研座谈会，向全国人民代表大会农业与农村委员会刘振伟副主任委员汇报有关实质性派生品种（EDV）的鉴定情况。

7月

1日　农业农村部植物新品种测试中心通过农作物种子质量检验机构复评审和扩项能力验证。

11—15日　派员参加国际植物新品种保护联盟（UPOV）第53届果树技术工作组（TWF）会议，来自27个UPOV成员、2个观察员和国际组织的近百名代表参会。

13日　全国植物新品种测试标准化技术委员会组织召开2022年标委会年会。

22日　"种子法实施与种业知识产权保护"研讨会在京召开，30位来自司法、行政、管理、服务等相关行业或部门以及法学界和科学界的专家学者围绕新《种子法》实施，就植物新品种保护制度完善、法律救济、审查测试、品种鉴定，海南自贸港种业知识产权保护、应用与制度创新等领域的相关问题进行报告和研讨。

25—26日　农业植物新品种测试中心顺利通过农作物种子质量检验机构复查及检验扩项现场评审，标志着测试中心的中国合格种子检验机构（CASL）资质范围覆盖玉米等19种作物的真实性检测，以及稻等8种作物的100个转基因参数，居全国首列。

27日　农业农村部联合海南省人民政府设立的海南自由贸易港农业植物新品种审查协作中心在海南省三亚市正式挂牌，标志着全国首家农业植物新品种审查协作中心正式运行。

29日　在2022年种子大会暨南繁硅谷论坛种业知识产权保护论坛上宣布农作物种质资源区块链存证平台正式上线，该平台旨在运用植物品种鉴定多核苷酸多态性（MNP）技术和区块链技术搭建农作物种质资源存证平台，推动育种数据有序共享、资源流动。

29日　参加2022年种子大会种业知识产权保护分论坛，作题为《夯实品种保护制度基础 助力农作物种业振兴》报告并发布“矢志原始创新、尊重他人成果、共创良好环境”的倡议。

9月

19—23日　派员参加国际植物新品种保护联盟（UPOV）首届测试方法与技术工作组（TWM）首届会议，来自30多个国家或组织的80余名代表参会。

23日　在江苏省徐州市首次召开农业植物品种展示示范活动。

10月

24—28日　在国际植物新品种保护联盟（UPOV）理事会第56届会议上，来自农业农村部科技发展中心的代表崔野韩总农艺师成功当选为理事会主席，成为该组织历史上首位中国籍理事会主席。

26日　组织召开2022年植物品种DUS测试标准（指南）编写培训班，标委会委员、制标单位及测试机构等200余人参训。

11月

16日　派员参加亚太种子协会（APSA）召开的2022年亚洲种子大会，作题为《中国种子法修正案和知识产权实施》的专题报告。

14—26日　组织举办农业植物品种DUS测试技术系统培训班。这是自2012年以来连续举办的第11届测试技术系统培训。来自测试分中心、种子企业、高校及科研机构等单位的42名学员参加实践培训，130余名学员线上参训。

22日　《中华人民共和国植物新品种保护条例（修订征求意见稿）》向社会公开征求意见。

12月

14日　组织召开2022年农业植物品种DUS测试和品种保护工作会，来自27家分中心、6家测试站的140余名代表线上参会。

15日　举办2022年农业植物新品种保护与种业发展暨能力提升培训班，参训人数达300多人。

附录二　2022年农业植物新品种保护重要文件

农业农村部
最高人民法院
最高人民检察院
工业和信息化部
公安部
市场监管总局
国家知识产权局

关于保护种业知识产权打击假冒伪劣套牌侵权营造种业振兴良好环境的指导意见

农种发〔2022〕2号

各省、自治区、直辖市农业农村（农牧）、公安、市场监管、知识产权厅（局、委）、工业和信息化主管部门、高级人民法院、人民检察院，新疆生产建设兵团农业农村局、工业和信息化局、公安局、市场监管局、知识产权局和新疆维吾尔自治区高级人民法院生产建设兵团分院、新疆生产建设兵团人民检察院：

为深入贯彻党中央、国务院关于推进种业振兴和加强知识产权保护的决策部署，落实《全国人民代表大会常务委员会关于修改〈中华人民共和国种子法〉的决定》，提高种业知识产权保护水平，严厉打击假冒伪劣、套牌侵权等违法犯罪行为，加快营造种业振兴良好环境，现提出如下指导意见。

一、总体要求

以习近平新时代中国特色社会主义思想为指导，深入贯彻党的十九大和十九届历次全会精神，落实知识产权强国建设纲要和种业振兴行动方案部署要求，以强化种业知识产权保护为重点，坚持部门协同、上下联动、标本兼治，综合运用法律、经济、技术、行政等多种手段，推行全链条、全流程监管，既立足解决当前突出问题，又着力构建打基础利长远的体制机制，有效激励原始创新，全面净化种业市场。力争到2023年，建立起较为完备的种业知识产权保护制度体系，假冒伪劣、套牌侵权等违法犯罪行为得到有效遏制；到2025年，种业知识产权保护能力显著提升，种业自主创新环境持续优化。

二、加快法律法规制修订，夯实种业知识产权保护制度基础

（一）**推动修订法律法规及配套规章。**贯彻实施新修改的种子法，推进植物新品种保护条例修订，研究制定实质性派生品种制度的实施步骤和方法，提高种业知识产权保护水平。研究修订植物新品种保护条例实施细则（农业部分）、非主要农作物品种登记办法等配套规章，实施新修订的主要农作物品种审定办法、农作物种子生产经营许可管理办法和农业植物品种命名规定，健全以植物新品种权为重点的种业知识产权保护法律法规体系。（农业农村部、国家知识产权局等单位部门按职责分工负责）

（二）**强化种业知识产权保护制度建设**。研究制定加强涉种业刑事审判工作的指导意见，加大对危害种业安全犯罪的惩处力度。编制种业企业知识产权保护指南，制定合同范本、维权流程等操作指引。各地结合实际研究制定保护种业知识产权相关制度。（各级法院、检察院、公安、农业农村、知识产权等单位部门按职责分工负责）

三、加强司法保护，严厉打击侵害种业知识产权行为

（三）**加大种业知识产权司法保护力度**。加强种业知识产权案件审判工作，深入推进种业知识产权民事、刑事、行政案件“三合一”审判机制改革。积极运用涉及植物新品种、专利的民事及行政案件集中管辖机制，打破地方保护主义，提高保护专业化水平。强化案件审理，严格执行《最高人民法院关于审理侵害植物新品种权纠纷案件具体应用法律问题的若干规定（二）》。对反复侵权、侵权为业、伪造证书、违法经营等情形的侵权行为实施惩罚性赔偿，在法律范围内从严惩处。充分利用举证责任转移等制度规定，降低维权成本，提高侵权代价。加强种业领域商业秘密保护，完善犯罪行为认定标准。强化案例指导，促进裁判规则统一。深入研究严重侵害植物新品种权行为入刑问题。（各级法院、检察院、公安、农业农村、市场监管、知识产权等单位部门按职责分工负责）

（四）**健全行政执法和刑事司法衔接机制**。农业农村部门要加强与公安、检察院、法院等部门单位的沟通衔接，建立健全信息共享、案情通报、案件移送机制，联合开展重大案件督查督办。加快制定出台农产品质量安全领域行政执法与刑事司法衔接工作办法，依法严惩种业违法犯罪行为。推进行政执法和刑事司法立案标准协调衔接，完善案件移送要求和证据标准。提高假劣种子检验鉴定水平，公布有资质的种子检测机构名单，强化刑事打击技术支撑。建立健全损失认定和涉案物品保管、处置机制。（各级法院、检察院、公安、农业农村、市场监管、知识产权等单位部门按职责分工负责）

四、强化技术和标准支撑，提高品种管理水平

（五）**提高主要农作物品种审定标准**。实施《国家级稻品种审定标准（2021年修订）》和《国家级玉米品种审定标准（2021年修订）》，激励育种原始创新。适时推进大豆、小麦、棉花品种审定标准修订，适当提高DNA指纹差异位点数、产量指标和抗性指标，有效解决品种同质化问题。严格国家和省级品种审定绿色通道及联合体试验监管，建立健全品种试验主体资质评价和退出机制。规范同一适宜生态区引种备案，依法加大审定品种撤销力度。（农业农村部及各省级农业农村部门按职责分工负责）

（六）**推进非主要农作物登记品种清理**。以向日葵为突破口，持续开展登记品种清理，并逐步拓展到其他非主要农作物。充分利用分子检测技术手段，以具有植物新品种权的品种为重点，严格处理违法违规申请登记行为，依法撤销一批违法违规登记品种。（农业农村部及各省级农业农村部门按职责分工负责）

（七）**探索实施品种身份证管理**。加强品种标准样品管理，制定农作物品种标准样品管理办法，实现审定、登记和保护样品统一管理。完善种子、种畜禽检验检测技术标准，加快品种分子检测技术研发和标准研制，建立健全品种标准样品库和DNA指纹数据库。推进种业数字化建设，依托种业大数据平台，整合品种试验、测试、管理和种子生产经营等信息，做到“一品种、一名称、一标样、一指纹”，推动实现全流程可追溯管理，促进品种身份信息开放共享。（农业农村部及各省级农业农村部门按职责分工负责）

五、严格行政执法，加大种业违法案件查处力度

（八）持续开展种业监管执法活动。组织开展常态化专项整治行动，持续保持高压严打态势，突出重要品种、重点环节和关键时节，加强种子企业和市场检查，对违法行为发现一起、查处一起。对检查发现问题及投诉举报集中或多次受到处罚的企业，加大检查抽查频次。以制种企业生产备案、委托合同、品种权属和亲本来源等内容为重点，开展制种基地检查，利用大数据手段强化制种基地监管，严厉打击盗取亲本、抢购套购、无证生产等违法行为。积极探索实施种子质量认证制度。加强种畜禽生产经营许可管理和质量检测，强化冻精等畜禽遗传物质监管。（各级农业农村、市场监管等部门按职责分工负责）

（九）加大重大案件查处力度。以假冒伪劣、套牌侵权、非法生产经营转基因种子等为重点，加大案件查办力度，对涉嫌构成犯罪的案件，及时移送公安机关处理。对于跨区域、重大复杂案件由部级挂牌督办、省级组织查处，做到一处发现、全国通报、各地联查。加大对电商网络销售种子监管力度，加快建立分工明确、处置及时、协同联动的工作机制。对群众反映集中、社会关注度高、套牌侵权多发的重点区域和环节，要重拳出击、整治到底、震慑到位。（各级农业农村、工业和信息化、公安、市场监管等部门按职责分工负责）

六、推进社会监督共治，构建种业创新发展良好环境

（十）加强行业自律和信用建设。充分发挥各级种业行业协会的协调、服务、维权、自律作用，引导规范企业行为。中国种子协会要加强企业信用等级评价，发布种业知识产权保护倡议书，提供法律咨询服务。实施信用风险分类监管，健全失信联合惩戒机制。建立市场主体“黑名单”制度，将有严重违法和犯罪等行为的企业纳入“黑名单”。（各级农业农村、市场监管、知识产权及行业协会等部门单位按职责分工负责）

（十一）建立健全社会共治机制。充分发挥仲裁、调解、公证等机制作用，强化种业行业社会共治。加强社会和群众监督，各地各部门要畅通投诉举报渠道，及时收集违法线索，提高查办时效，实现精准打击。鼓励建立举报奖励机制。强化普法宣传和培训，推动学法用法守法，引导市场主体综合运用植物新品种权、专利权、商标权等多种知识产权保护手段，提高知识产权保护水平。（各级农业农村、市场监管、知识产权部门按职责分工负责）

七、强化组织保障，确保各项任务落实落地

（十二）加强组织领导。各地各单位各部门要高度重视，按照职责分工，明确主体责任，抓好组织落实，推动构建法制完善、监管有力、执法严格、行业自律的种业监管执法体系，全面提高知识产权保护法治化水平。农业农村部会同有关单位部门强化统筹协调、完善工作机制，对地方有关单位部门加强业务指导和督促。各省级农业农村部门要牵头抓好种业知识产权保护和监管执法工作，狠抓重点任务落实。（各有关单位部门按职责分工负责）

（十三）压实属地责任。将保护种业知识产权、打击假冒伪劣和套牌侵权等工作列入种业振兴党政同责、全国打击侵犯知识产权和制售假冒伪劣商品工作考核，强化责任落实。各地要落实属地责任，紧盯重大案件、重要领域、重点地区，努力破解重点难点问题。建立健全激励约束机制，对工作成效突出的地区、单位、部门及个人进行表扬，对推诿扯皮、不作为乱作为等情况及时通报并督促整改。（各有关单位部门按职责分工负责）

（十四）**培养专业人才队伍**。充实种业行业监管、农业综合执法和司法队伍人员配备，加强技术装备条件建设，强化行政执法和司法人员专业培训，确保队伍稳定、能力提升。鼓励企业加强法务团队和能力建设，依法维护自身权益，不断提升知识产权保护能力和水平，共同营造种业法治环境。（各有关单位部门按职责分工负责）

（十五）**加强宣传引导**。加大种业知识产权保护宣传力度，鼓励引导权利人依法维权，提高知识产权保护意识。联合开展重点案件总结宣传，发布种业知识产权典型案例。加大案件查处曝光力度，全面营造种业创新有活力、发展有动力、市场有秩序的种业振兴氛围。（各有关单位部门按职责分工负责）

农业农村部
最高人民法院
最高人民检察院
工业和信息化部
公安部
市场监管总局
国家知识产权局
2022年1月28日

农业农村部办公厅关于印发《2022—2023年全国种业监管执法年活动方案》的通知

农办种〔2022〕1号

各省、自治区、直辖市农业农村（农牧）厅（局、委），新疆生产建设兵团农业农村局，各有关单位：

为深入贯彻中央一号文件和种业振兴行动方案的部署安排，认真落实新修改种子法及《关于保护种业知识产权打击假冒伪劣套牌侵权营造种业振兴良好环境的指导意见》（农种发〔2022〕2号）、《最高人民法院关于进一步加强涉种子刑事审判工作的指导意见》（法〔2022〕66号）、《农业农村部关于农业综合行政执法服务种子和耕地两个要害的指导意见》（农法发〔2021〕8号）等有关要求，强化种业知识产权保护，严厉打击假冒伪劣、套牌侵权等种业违法行为，全面净化种业市场，营造种业振兴良好环境，我部制定了《2022—2023年全国种业监管执法年活动方案》，现印发给你们，请结合本地实际抓好落实。

联系人：
农业农村部种业管理司　宋伟
电话：010-59193209，邮箱：zysscc@agri. gov. cn
农业农村部法规司　张国桥
电话：010-59193393，邮箱：zfszfjdc@163.com

农业农村部办公厅
2022年3月16日

2022—2023年全国种业监管执法年活动方案

为强化种业知识产权保护，严厉打击假冒伪劣、套牌侵权等种业违法行为，全面净化种业市场，持续推进种业监管执法年活动，现制定2022—2023年活动方案。

一、总体要求

深入贯彻中央一号文件和种业振兴行动方案的部署安排，认真落实新修改种子法及《关于保护种业知识产权打击假冒伪劣套牌侵权营造种业振兴良好环境的指导意见》（农种发〔2022〕2号）、《最高人民法院关于进一步加强涉种子刑事审判工作的指导意见》（法〔2022〕66号）、《农业农村部关于农业综合行政执法服务种子和耕地两个要害的指导意见》（农法发〔2021〕8号）等有关要求，以种业知识产权保护为重点，综合运用法律、经济、技术、行政等多种手段，推行全链条、全流程监管，压紧压实主体责任、属地责任，坚持部门协同、上下联动、标本兼治，强化集中整治和日常监管，狠抓案件查处，严厉打击假冒伪劣、套牌侵权等违法行为，全面净化种业市场，有效激励原始创新，为种业振兴营造良好环境。

二、工作目标

总体目标。种业知识产权保护法律法规和技术标准体系不断完善，品种权保护意识明显增强，假冒伪劣、套牌侵权等违法行为得到有力打击；品种管理不断优化，品种“身份证”有序建立，品种同质化逐步解决；种业检测鉴定和执法监管能力不断提升，种子生产经营逐步规范，种子质量稳定在较高水平，种业市场净化成效明显。

——省级目标。组织开展种业知识产权保护相关培训不少于1次；省级种子质量监督抽查抽取种子样品数量不少于上年；辖区内国家级制种大县和区域性良繁基地监督检查实现全覆盖；辖区内国家救灾备荒种子储备任务承储企业现场检查实现全覆盖，到2023年省级救灾备荒种子储备实现全覆盖；与公检法等部门建立涉种案件信息共享、案情通报、案件移送机制，健全投诉举报渠道，上级部门转办督办的种业投诉举报案件查处反馈率达到100%。

——地市级目标。地市级发证种子企业现场检查覆盖率不低于50%、品种抽样覆盖率不低于30%，检查反映问题整改合格率达到100%；市场检查和地市级种子质量监督抽查抽取种子样品数量不少于上年；辖区内国家级制种大县和区域性良繁基地监督检查实现全覆盖；上级部门转办督办的种业投诉举报案件查处反馈率达到100%。

——县级目标。以种业知识产权保护为重点，加强种业普法宣传，县级发证种子企业现场检查覆盖率不低于50%、品种抽样覆盖率不低于30%；辖区内种子经营门店监督检查覆盖率不低于60%；检查反映问题整改合格率达到100%；辖区内种子生产经营备案完成率达到100%；上级部门转办督办的种业投诉举报案件查处反馈率达到100%。

三、重点任务

（一）强化种业知识产权保护

1. 加强法规制度建设。贯彻实施新修改种子法，推进修订植物新品种保护条例，加快落实实质性派生品种制度。研究修订植物新品种保护条例实施细则（农业部分）、非主要农作物品种登记办法等配套规章，实施新修订的主要农作物品种审定办法、农作物种子生产经营许可管理办法等配套规章，全面提升种业法治水平。强化种子法等法律法规普法宣传。各地要加快制修订种业地方法规，全面清理不适宜的地方法规制度。（农业农村部种业管理司、法规司，农业农村部科技发展中心，全国农业技术推广服务中心，各省级农业农村部门）

2. **加大品种权保护力度**。优化植物新品种权审查流程，压缩审查周期，提高审查质量和效率。加强植物新品种权复审工作。鼓励申请者依规开展委托测试。研究制定侵犯植物新品种权维权指南。推进全国统一的侵权案件协查联办平台建设。开展授权品种市场抽查和检测，对不再符合授予品种权时特征特性的品种，终止品种权。各省份要组织开展植物新品种权保护培训及普法培训。各地要强化行政执法、仲裁、调解等手段综合运用，建立侵权纠纷案件快速处理机制。（农业农村部种业管理司、法规司，农业农村部科技发展中心，各级农业农村部门）

（二）严格品种管理

3. **加强审定品种监管**。实施《国家级稻品种审定标准（2021年修订）》和《国家级玉米品种审定标准（2021年修订）》，推动省级品种审定标准衔接，适时推进大豆、小麦、棉花品种审定标准修订。强化主要农作物联合体、绿色通道品种试验和自主DUS测试监管，建立健全品种试验主体资质评价和退出机制。规范同一适宜生态区引种备案，依法加大审定品种撤销力度。（农业农村部种业管理司，全国农业技术推广服务中心、农业农村部科技发展中心，各省级农业农村部门）

4. **推进登记品种清理**。持续开展向日葵登记品种清理，启动黄瓜、甜瓜等登记品种清理工作。利用分子检测等技术手段，严格处理违法违规申请品种登记行为，依法撤销一批违法违规登记品种。（农业农村部种业管理司，全国农业技术推广服务中心、农业农村部科技发展中心，各省级农业农村部门）

5. **加强品种标准样品管理**。研究完善农作物品种标准样品管理制度，推进审定、登记和保护样品统一管理。完善种子、种畜禽检验检测技术标准，加快品种分子检测技术研发和标准研制，加快品种标准样品库和DNA指纹数据库建设，推进建立品种“身份证”，尽快实现“一品种、一名称、一标样、一指纹”，推动实现全流程可追溯管理。（农业农村部种业管理司，全国农业技术推广服务中心、农业农村部科技发展中心、全国畜牧总站、中国农业科学院作物科学研究所，各省级农业农村部门）

（三）加强种子和种畜禽监管

6. **加强种子基地监管**。以种子生产经营许可、生产备案、委托合同、品种权属和亲本来源等为重点，严查未按规定备案行为。开展制种基地日常检查巡查，探索利用大数据等手段加强制种基地监管，严厉打击非法制种、盗取亲本、抢购套购等侵权违法行为。开展制种基地苗期转基因检测，强化种子收获前检查，严格查处违法违规生产转基因种子行为。探索实施种子质量认证制度，引导制种企业和制种基地提升种子质量水平。（各级农业农村部门）

7. **加强企业监督检查**。重点检查生产经营品种、生产经营档案、包装标签及种子质量、品种真实性等。落实分级分类监管要求，对投诉举报多、过往发现问题多的企业加大检查抽查频次；对开展种子质量认证、诚实守信的企业减少检查抽查频次。加强国家救灾备荒储备种子管理，各省份要对辖区内承担国家救灾备荒储备种子任务的种子企业开展监督检查，做到全覆盖，确保储备任务保质保量落实到位。因遭受自然灾害、调剂市场供需等原因，需动用国家救灾备荒储备种子的，由省级农业农村部门向农业农村部种业管理司提出申请并抄报全国农业技术推广服务中心，未经批准不得违规动用。各省份要抓紧建立健全省级救灾备荒种子储备制度，到2023年要实现全覆盖。（各级农业农村部门）

8.**严格种子市场检查**。农作物种子方面，在春季、秋季等用种关键时期，开展种子质量、真实性、转基因成分等监督抽查，重点检查种子标签、销售档案、经营备案、“三无”种子等情况，探索开展质量监测；会同有关部门加大种子网络销售平台的监管力度，有条件的可组织开展部门联合“双随机、一公开”抽查，严查套牌侵权、制售假劣等违法行为，必要时对网络销售平台、网络经营商户进行约谈、整治。畜禽种业方面，重点检查无证生产经营（含过期、超范围）、假冒优质种公牛冷冻精液、系谱档案不全等问题；种畜禽生产经营许可信息纳入“全国种畜禽生产经营许可管理系统”统一管理，组织开展种畜禽、桑蚕种质量监督抽查。（各级农业农村部门）

9.**加强种子生产经营备案管理**。全面落实种子法、畜牧法及配套规章制度规定，严格落实种子、种畜禽生产经营备案制度，建立健全生产经营档案，保证可追溯。严格查处未按规定备案行为，确保种子生产经营备案全覆盖。（各级农业农村部门）

（四）严格种业执法

10.**加大案件查处力度**。以品种权侵权、制售假劣、无证生产经营、非法生产经营转基因种子等为重点，充分利用种业案件投诉举报平台，广泛收集违法线索，对违法行为发现一起、查处一起，绝不手软。建立完善重大违法案件挂牌督办制度，一般案件按属地管理原则由市县级查处，复杂疑难案件和跨区域案件由省级直接查办或组织查办，查处结果及时公开。我部将适时通报各地种业案件查处情况，遴选发布种业违法典型案例，加大警示震慑力度。（农业农村部法规司、种业管理司，各级农业农村部门）

11.**完善执法联动协同机制**。建立“执法直通车”，对投诉举报线索明确的，执法机构要快速查办、不得推诿，实现企业与执法机构同向发力。加强跨区域种业执法协作联动、信息共享，做到“一处发现、全国通报、各地联查”。要强化跨部门执法合作，建立健全农业农村与公安、法院、检察院、工业和信息化、市场监管、知识产权等部门的协调配合、协同联动等机制，强化线索通报、定期会商、联合执法等，研究推动建立重大案件公安机关提前介入机制。加强种业行政执法与刑事司法的衔接，及时移送涉嫌犯罪案件。（农业农村部法规司、种业管理司，各级农业农村部门）

12.**提升种业执法能力**。深入实施农业综合行政执法能力提升行动。加强种子法等法规学习培训，提高种业知识产权保护执法能力水平。加大执法抽检经费投入，确保满足执法需求。积极探索品种权保护执法的方式方法，加快完善种业知识产权侵权评判规则。加强执法技术支撑体系建设，提高假劣种子检验鉴定水平，会同有关部门公布一批有资质的种子检测机构名单，为种业执法提供技术支撑。加强执法信息化建设，利用大数据、卫星遥感技术等，不断提升种业执法效能。（农业农村部法规司、种业管理司，各级农业农村部门）

四、工作要求

（一）**加强组织领导**。各级农业农村部门要高度重视，明确主体责任，抓好组织落实。省级农业农村部门要按照本方案要求制定具体落实方案，于3月底前在官方网站公开。种业监管执法年活动开展情况将作为粮食安全党政同责考核、全国打击侵犯知识产权和制售假冒伪劣商品工作考核、全国农业综合行政执法示范创建的重要依据。我部将适时派出部级督导检查组，组织开展制种基地、种子市场、种子企业等监督检查，具体活动由全国农业技术推广服务中心牵头组织落实。全国种畜禽质量监督检验、桑蚕种质量抽查活动，分别由全国畜牧总站、农业农村部蚕桑产业产品质量监督检验测试中心（镇江）牵头组织落实。我部将适时对有关情况进行通报。（各级农业农村部门）

（二）**完善工作机制**。加强协调配合，尽快建立起高效的工作机制，明确工作职责，逐级压实监管责任。省级农业农村部门要发挥牵头抓总、统筹协调、监督检查作用，市县级农业农村部门要抓好具体实施。建立简易种业纠纷快速处理“绿色通道”，有效降低维权成本，力争将纠纷就地化解。建立健全社会和群众监督机制，畅通投诉举报渠道，鼓励建立举报奖励制度，及时收集违法线索，提高查办时效，实现精准打击。探索建立市场主体“黑名单”制度，将有严重违法和犯罪等行为的企业纳入“黑名单”。（各级农业农村部门）

（三）**强化队伍支撑**。积极争取充实种业行业监管、农业综合行政执法队伍人员配备，加强执法装备条件建设，强化种业行业监管、农业综合行政执法专业培训，确保队伍稳定、能力提升。鼓励企业加强法务团队和能力建设，依法维护自身权益，不断提升知识产权保护能力和水平，共同营造种业良好法治环境。（各级农业农村部门）

（四）**做好宣传总结**。积极开展经验做法、典型案件等宣传，及时回应社会关切，震慑违法行为。按要求及时填报种业监管执法年活动相关信息。按时开展工作总结，当年12月10日前各省级农业农村部门要将种业监管执法年活动总结（含填写附件表格及提炼典型案例2个）书面报送我部种业管理司、法规司。（各级农业农村部门）

附件：1. 种业监管执法年年度任务完成情况表

2. 种业监管执法年年度监管执法情况表

附件 1

种业监管执法年年度任务完成情况表

填表单位：　　　　　　　　　　　　　　　　　　　　填表日期：　年　月　日

内容	省级			地级市				县级							
	国家级制种大县和区域性良繁基地检查覆盖率	种畜禽生产经营许可证备案率	农业农村部转办案件反馈率	对地市级发证企业现场检查覆盖率	被检查企业问题整改率	国家级制种大县和良繁基地检查覆盖率	种畜禽生产经营许可证备案率	县级发证种子企业检查覆盖率	种子门店抽查覆盖率	门店备案品种抽样覆盖率	企业及门店检查问题整改率	辖区内生产经营主体备案率	生产经营主体经营品种备案率	种畜禽生产经营许可证备案率	达到移送条件的案件向公安移送率
完成情况															

注：“完成情况”一栏按照工作完成情况据实填写，应填写具体数值，不可填写“是”或“否”。

附件2

种业监管执法年年度监管执法情况表

填表日期：　　年　　月　　日

案例类型	执法情况									监管情况			
	出动执法人员数/人次	立案数/件	涉案种子数量/公斤	处罚金额/万元	办结案件		移送司法机关		处罚结果信息公开/件	抽取样品数/个	检查企业数/个次	检查门店数/个次	检查基地数/个次
					件数	涉案金额/万元	件数	涉案金额/万元					
品种权侵权													
其他													
合计													

注：数据截至填表时，包括省、市、县三级数据。

UPOV在社交媒体上发布信息祝贺
中国加入23周年

2022年4月23日是我国加入国际植物新品种保护联盟（UPOV）23周年纪念日。UPOV于4月23日先后在其推特和领英社交媒体上发布中国农业植物新品种保护申请授权情况等，以祝贺我国加入23周年纪念日，宣传了我国品种保护20多年发展成效，彰显了我国品种保护对激励育种创新和对种业发展的积极作用，展示了我国品种保护大国地位。

附件：

UPOV在社交媒体上发布的信息

推特

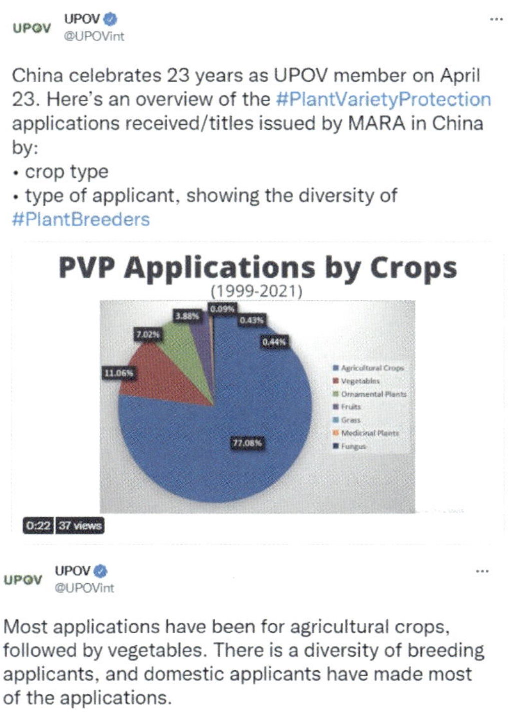

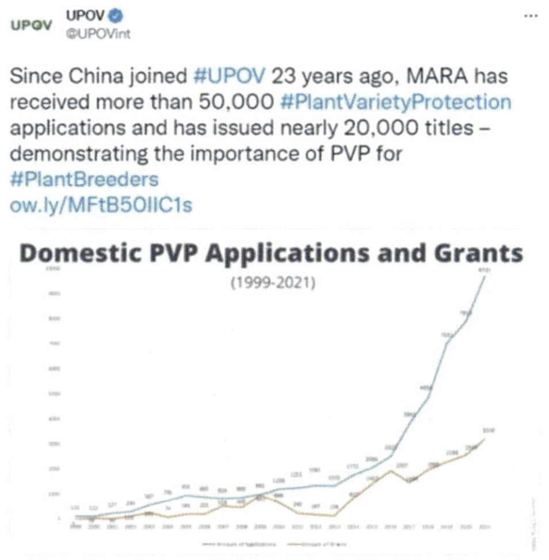

领英

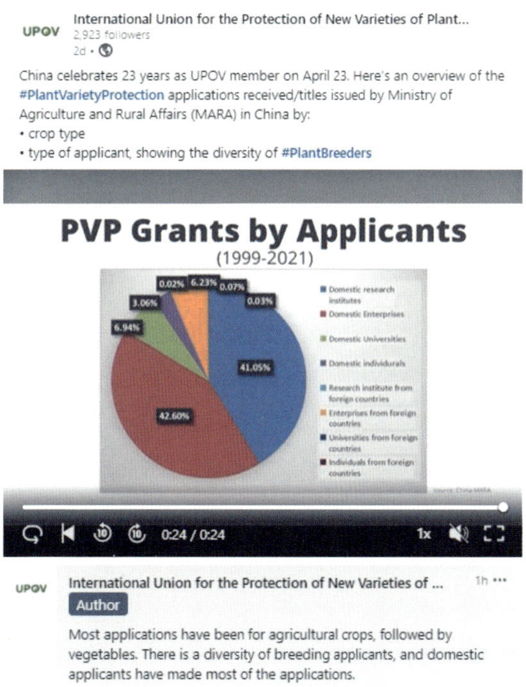

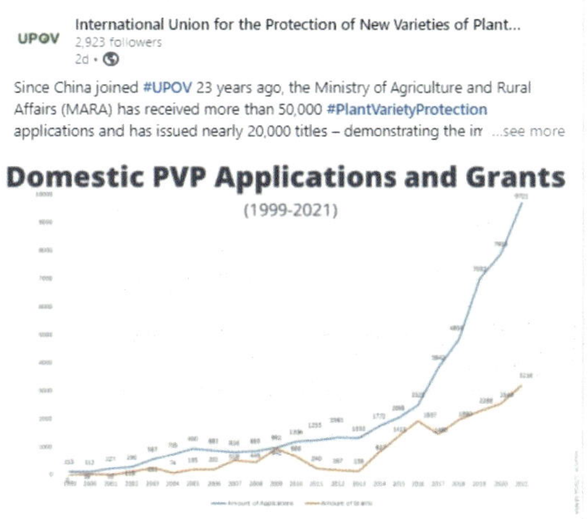

<table>
<tr><th>推特</th><th>领英</th></tr>
<tr><td>
UPOV UPOV @UPOVint

This graph is an overview of foreign #PlantVarietyProtection applications received by MARA since China became a UPOV member 23 years ago.

PVP Applications and Grants from Foreign Countries (1999-2021)

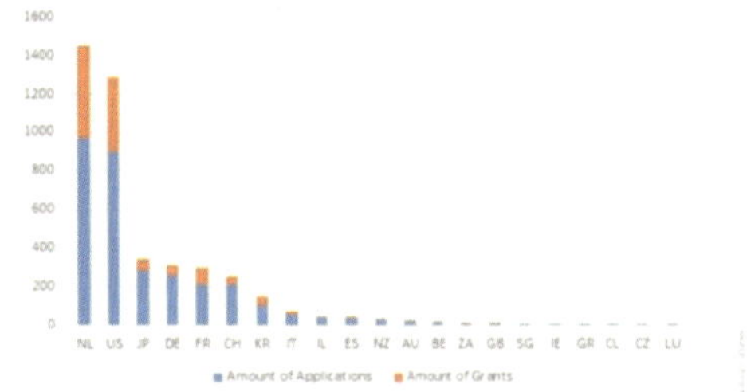

</td><td>
UPOV International Union for the Protection of New Varieties of Plant...
2,923 followers
2d •

This graph is an overview of the foreign #PlantVarietyProtection applications received by the Ministry of Agriculture and Rural Affairs (MARA) since China became a UPOV member 23 years ago.

PVP Applications and Grants from Foreign Countries (1999-2021)

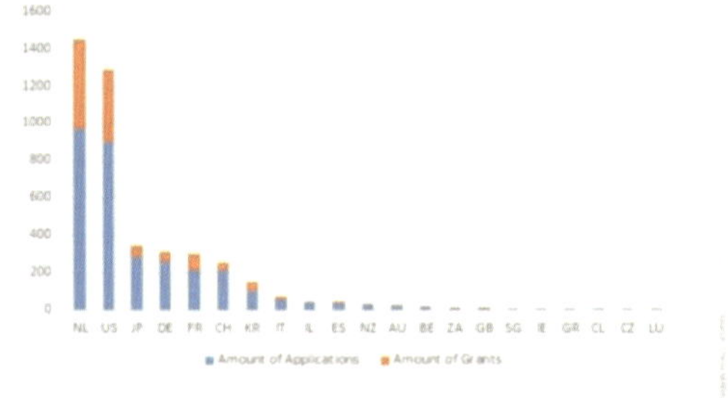

</td></tr>
<tr><td>
UPOV UPOV @UPOVint

In 2021, PVP applications and grants increased significantly in China.
1442 new applications
761 grants
of 38% and 73% year-on-year respectively
ow.ly/M2kc50IICBI

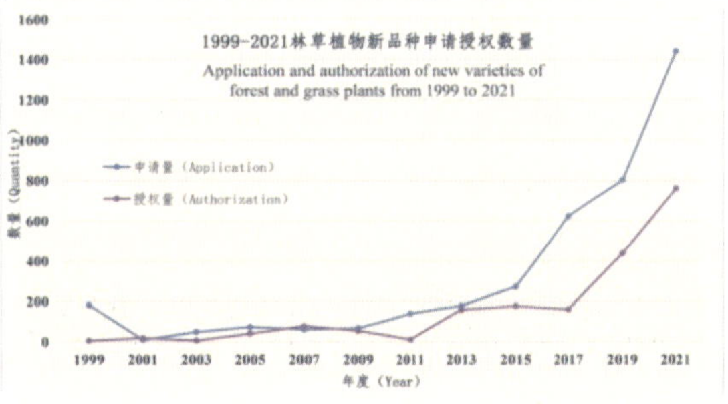

</td><td>
UPOV International Union for the Protection of New Varieties of Plant...
2,923 followers
2d •

In 2021, the number of applications and grants of new plant variety rights in China increased significantly. The PVP Office of National Forestry and Grassland Administration (NFGA) has accepted 1,442 applications for new plant v ...see more

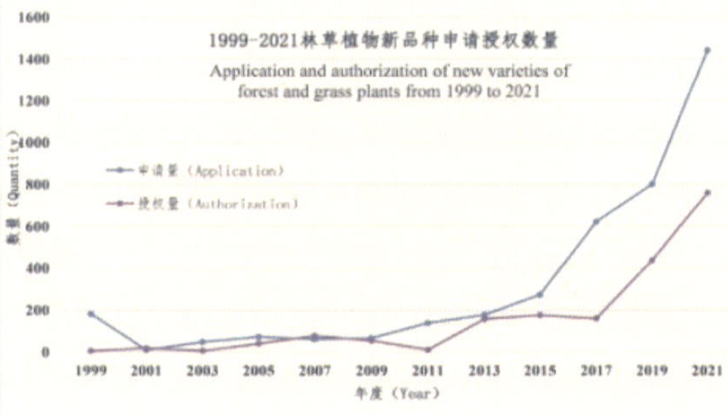

</td></tr>
<tr><td>
UPOV UPOV @UPOVint

Hong Sen black locust has excellent variety characteristics, especially the advantages of fast-growing, hard material, easy maintenance, with root nodules and high added value.

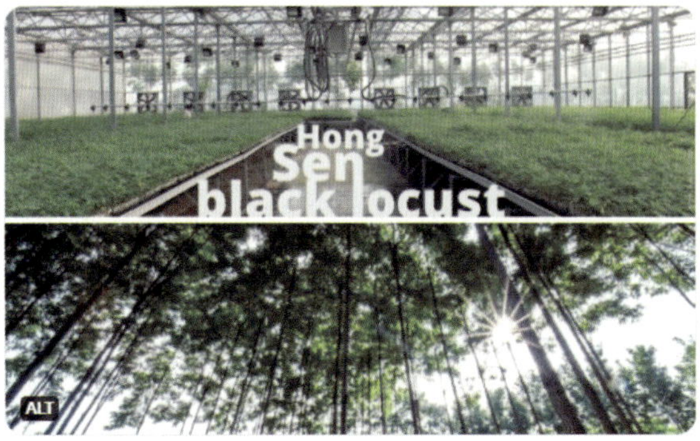

</td><td>
UPOV International Union for the Protection of New Varieties of Plant...
2,923 followers
2d •

Hong Sen black locust has excellent variety characteristics, especially the advantages of fast-growing, hard material, easy maintenance, with root nodules and high added value.
In recent years, Hong Sen black locust has been widely used in the projects of national reserve forest, poplar and eucalyptus replacement, low-quality and low-efficiency forest transformation, mine restoration, rocky desertification control, windbreak forest construction, energy forest, forage forest and so on.
Around the new variety of Hong Sen black locust, six core product lines have been formed, including solid wood plate processing, fungus forest and edible fungus industry, high-grade sophora japonica honey, extraction and deep processing industry from sophora japonica flowers, fodder made of sophora japonica leaves and organic breeding of undergrowth forestry, which are featured by "Hong Sen black locust PLUS".

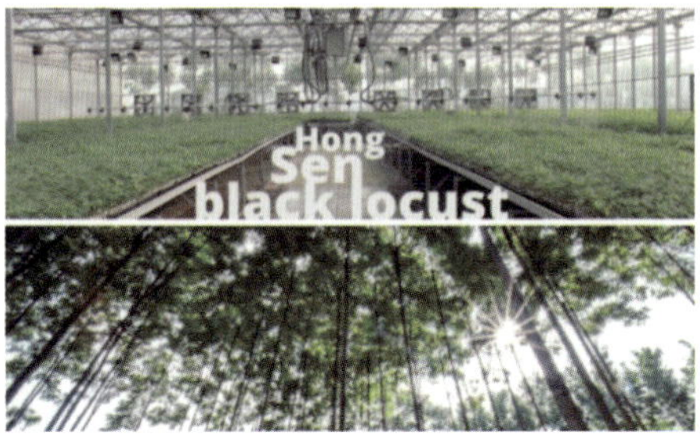

</td></tr>
</table>

推特	领英
UPOV UPOV @UPOVint "Golden Ruyi", a new variety of yellow hawthorn, has strong disease resistance, high yielding and early maturity, especially early frutescence and long picking cycle. The picking period is more than 50 days, which makes it particularly suitable for garden planting. 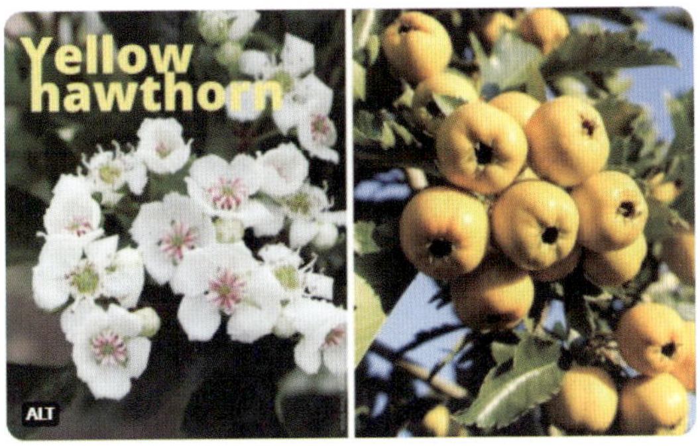	UPOV International Union for the Protection of New Varieties of Plant... 2,923 followers 2d • "Golden Ruyi", a new variety of yellow hawthorn, has strong disease resistance, high yielding and early maturity, especially early frutescence and long picking cycle , and the picking period is more than 50 days, which makes ir particularly suitable for garden planting. When "Golden Ruyi" yellow hawthorn fully ripe, it has golden skin, flavescent and soft flesh with, fragrant taste. Therefore, it is particularly suitable for the elderly and children to enjoy. The fruit is rich in active ingredients such as hawthorn acid, flavonoids, calcium and a variety of vitamins, which can be stored for more than six months. 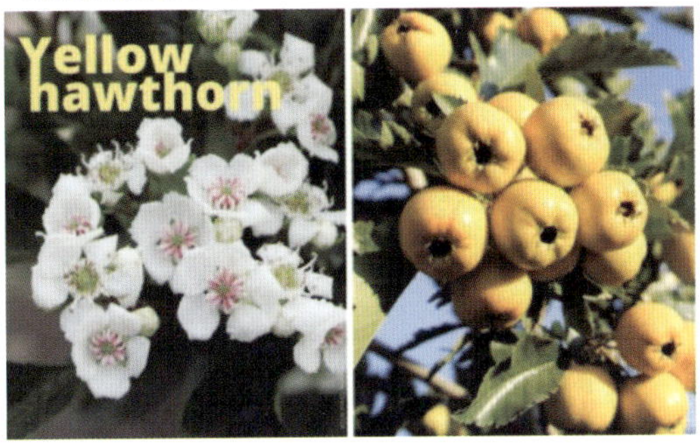
UPOV UPOV @UPOVint There are about 260 species of magnolias in the world, with China accounting for 70%. Therefore, China can be called "Magnolias Kingdom". In recent years, excellent new varieties of magnolia have been emerging, which are widely used in urban gardens and courtyards. 	UPOV International Union for the Protection of New Varieties of Plant... 2,923 followers 1d • Magnolia, which is also called Magnolia biondii Pamp, Yutang spring or Magnolia denudata in China, belongs to the deciduous tree of Magnoliaceae. It is called Yulan because of its "white and slightly blue color" and "the fragrance is like an orchid". Magnoliaceae is a very ancient higher plant. There are about 260 species of magnolias in the world, with China accounting for 70%. Therefore, China can be called "Magnolias Kingdom". In recent years, excellent new varieties of magnolia have been emerging, which are widely used in urban gardens and courtyards. Many are well received both at home and abroad, such as "Jiaodan", "Jiaohong No.1", "Lvxing" , "Xiaoxuan" and so on. 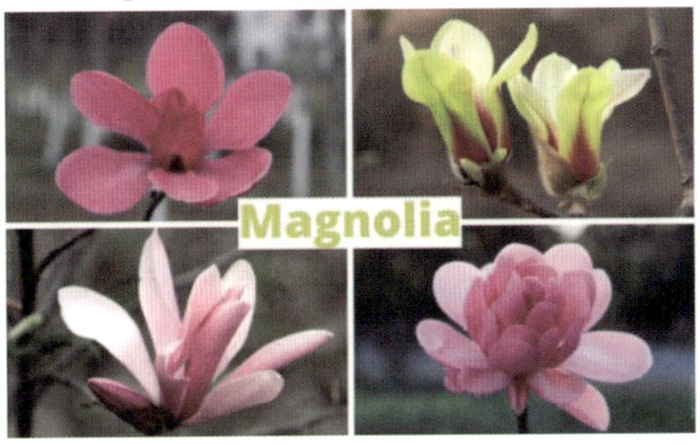
UPOV UPOV @UPOVint "Angel Red" and "Zhong pomegranate no. 4" are new red pomegranate varieties with super soft seeds in China. They have soft seeds, but are also not chewy, have sweet and sour taste, beautiful appearance, large fruit and high yield. 	UPOV International Union for the Protection of New Varieties of Plant... 2,923 followers 1d • "Angel Red" and "Zhong pomegranate no. 4" are new red pomegranate varieties with super soft seeds in China. They have soft seeds, are not chewy, have sweet and sour taste, beautiful appearance, large fruit and high yield . Through the innovative transformation of achievements, new varieties of pomegranate will integrate planting, picking, sightseeing, processing and tourism industries to increase farmers' income, helping them get rid of poverty and revitalizing rural areas. 

农业农村部关于《中华人民共和国植物新品种保护条例（修订征求意见稿）》公开征求意见的通知

为贯彻落实中央种业振兴行动部署和新修改种子法有关要求，进一步加大种业知识产权保护力度，激励种业原始创新，我部牵头对原植物新品种保护条例进行修订，形成《中华人民共和国植物新品种保护条例（修订征求意见稿）》，现向社会公开征求意见。公众可通过以下途径和方式提出反馈意见：

1. 登录中华人民共和国农业农村部网站（www.moa.gov.cn），进入上方“互动”栏目中的“征集意见”，点击“农业农村部关于《中华人民共和国植物新品种保护条例（修订征求意见稿）》公开征求意见的通知”提出意见。

2. 电子邮箱：zyspgc@agri.gov.cn。

3. 通信地址：北京市朝阳区农展馆南里11号农业农村部种业管理司（邮编：100125），并请于信封上注明“植物新品品保护条例征求意见”字样。

意见反馈截止时间为2022年12月22日。

附件：1. 中华人民共和国植物新品种保护条例（修订征求意见稿）

2. 关于《中华人民共和国植物新品种保护条例（修订征求意见稿）》的起草说明

农业农村部

2022年11月21日

附件1

中华人民共和国植物新品种保护条例（修订征求意见稿）

（条文中黑体字为新增加或修改内容，阴影部分为删去或修改的内容）

原《条例》	《条例》修订草案
第一章　总则	**第一章　总则**
第一条　为了保护植物新品种权，鼓励培育和使用植物新品种，促进农业、林业的发展，制定本条例。	第一条　为了保护植物新品种权，鼓励**植物新品种培育和推广应**用，促进农业、林业**草原**的发展，制定本条例。
第二条　本条例所称植物新品种，是指经过人工培育的或者对发现的野生植物加以开发，具备新颖性、特异性、一致性和稳定性并有适当命名的植物品种。	第二条　本条例所称植物新品种，是指经过人工培育的或者对发现的野生植物加以**改良**，具备新颖性、特异性、一致性和稳定性并有适当命名的植物品种。
第三条　国务院农业、林业行政部门（以下统称审批机关）按照职责分工共同负责植物新品种权申请的受理和审查并对符合本条例规定的植物新品种授予植物新品种权（以下称品种权）。	第三条　国务院农业**农村**、林业**草原主管**部门（以下称审批机关），按照职责分工负责**全国植物新品种保护管理工作；开展植物新品**种权申请的受理和审查，并对符合本条例规定的植物新品种授予植物新品种权（以下称品种权）。 **县级以上人民政府农业农村、林业草原主管部门依照各自职责，负责本行政区域内的农业、林业植物新品种保护管理工作。**
第四条　完成关系国家利益或者公共利益并有重大应用价值的植物新品种育种的单位或者个人，由县级以上人民政府或者有关部门给予奖励。	**第四条**　完成关系国家利益或者公共利益并有重大应用价值**或生态效益**的植物新品种育种的单位或者个人，由县级以上人民政府或者有关部门**按照国家有关规定**给予**表彰**奖励。

	第五条　国家鼓励建立品种权代理、法律服务、信息服务、商用化服务、咨询服务和培训服务专业队伍，围绕品种权创造、保护、管理和运用开展服务。
第五条　生产、销售和推广被授予品种权的植物新品种（以下称授权品种），应当按照国家有关种子的法律、法规的规定审定。	第六条　生产、销售和推广被授予品种权的植物新品种（以下称授权品种），应当符合国家有关法律、法规的规定。
第二章　品种权的内容和归属	第二章　品种权的内容和归属
第六条　完成育种的单位或者个人对其授权品种，享有排他的独占权。任何单位或者个人未经品种权所有人（以下称品种权人）许可，不得为商业目的生产或者销售该授权品种的繁殖材料，不得为商业目的将该授权品种的繁殖材料重复使用于生产另一品种的繁殖材料；但是，本条例另有规定的除外。	第七条　品种权所有人（以下称品种权人）对其授权品种，依照法律、法规享有排他的独占权。除有关法律和本条例另有规定外，任何单位或者个人未经品种权人许可，不得对该授权品种的繁殖材料，从事下列行为： （一）生产、繁殖和为繁殖而进行处理； （二）许诺销售、销售； （三）进口、出口； （四）为实施本款第（一）至（三）项行为提供存储。 实施前款规定的行为，涉及由未经许可使用授权品种的繁殖材料而获得的收获材料的，应当得到品种权人的许可；但是，品种权人对繁殖材料已有合理机会行使其权利的除外。 对下列各项实施第一款、第二款规定行为的，应当得到授权品种的品种权人的许可： （一）授权品种的实质性派生品种，但该授权品种不是实质性派生品种； （二）与授权品种没有明显区别的品种； （三）为商业目的重复利用授权品种进行生产或繁殖的品种。

	第八条　实质性派生品种的实施范围由国务院主管部门确定并以名录形式公布。 国务院主管部门应当发布实质性派生品种判定指南，明确鉴定机构条件和能力，成立专家委员会提供专业咨询。
第七条　执行本单位的任务或者主要是利用本单位的物质条件所完成的职务育种，植物新品种的申请权属于该单位；非职务育种，植物新品种的申请权属于完成育种的个人。申请被批准后，品种权属于申请人。 委托育种或者合作育种，品种权的归属由当事人在合同中约定；没有合同约定的，品种权属于受委托完成或者共同完成育种的单位或者个人。	第九条　执行本单位的任务或者主要是利用本单位的物质条件所完成的职务育种，品种权的申请权属于该单位。单位与完成育种的个人有合同约定的，从其约定。 非职务育种，品种权的申请权属于完成育种的个人。 委托育种或者合作育种，当事人可以在合同中约定品种权的申请权归属；没有合同约定的，品种权的申请权属于受委托完成或者共同完成育种的单位或者个人。 申请被批准后，品种权属于申请人。
第八条　一个植物新品种只能授予一项品种权。两个以上的申请人分别就同一个植物新品种申请品种权的，品种权授予最先申请的人；同时申请的，品种权授予最先完成该植物新品种育种的人。	第十条　一个植物新品种只能授予一项品种权。两个以上的申请人分别就同一个植物新品种申请品种权的，品种权授予最先申请的人；同时申请的，品种权授予最先完成该植物新品种育种的人。
第九条　植物新品种的申请权和品种权可以依法转让。 中国的单位或者个人就其在国内培育的植物新品种向外国人转让申请权或者品种权的，应当经审批机关批准。 国有单位在国内转让申请权或者品种权的，应当按照国家有关规定报经有关行政主管部门批准。 转让申请权或者品种权的，当事人应当订立书面合同，并向审批机关登记，由审批机关予以公告。	第十一条　品种权的申请权和品种权可以依法转让。 中国境内的单位或者个人就其在境内培育的植物新品种向境外机构或个人转让申请权或者品种权的，应当经审批机关批准。 转让申请权或者品种权的，当事人应当订立书面合同，并向审批机关登记，由审批机关予以公告。转让自登记之日起生效。 以品种权出质的，由出质人和质权人共同向审批机关办理出质登记，由审批机关予以公告。质权自登记之日起生效。

第十条 为了国家利益或者公共利益，审批机关可以作出实施植物新品种强制许可的决定，并予以登记和公告。 取得实施强制许可的单位或者个人应当付给品种权人合理的使用费，其数额由双方商定；双方不能达成协议的，由审批机关裁决。 品种权人对强制许可决定或者强制许可使用费的裁决不服的，可以自收到通知之日起3个月内向人民法院提起诉讼。	**第十二条** 为了国家利益或者公共利益，审批机关可以作出实施品种权强制许可的决定，并予以登记和公告。 取得实施强制许可的单位或者个人应当付给品种权人合理的使用费，其数额由双方商定；双方不能达成协议的，由审批机关裁决。 品种权人对强制许可决定或者强制许可使用费的裁决不服的，可以自收到通知之日起3个月内向人民法院提起诉讼。 **取得实施强制许可的单位或者个人不享有独占的实施权，并且无权允许他人实施。**
第十一条 在下列情况下使用授权品种的，可以不经品种权人许可，不向其支付使用费，但是不得侵犯品种权人依照本条例享有的其他权利： （一）利用授权品种进行育种及其他科研活动； （二）农民自繁自用授权品种的繁殖材料。	**第十三条** 在下列情况下使用授权品种的，可以不经品种权人许可，不向其支付使用费，但是不得侵犯品种权人依照本条例享有的其他权利： （一）利用授权品种进行育种及其他科研活动； （二）农民自繁自用授权品种的繁殖材料。
第十二条 不论授权品种的保护期是否届满，销售该授权品种应当使用其注册登记的名称。	**调整至第十九条**
第三章 授予品种权的条件	**第三章 授予品种权的条件**
第十三条 申请品种权的植物新品种应当属于国家植物品种保护名录中列举的植物的属或者种。植物品种保护名录由审批机关确定和公布。	**第十四条** 申请品种权的植物新品种应当属于国家植物品种保护名录中列举的植物的属或者种。植物品种保护名录由审批机关确定和公布。 **对违反法律，危害社会公共利益、生态环境的植物新品种，不授予植物新品种权。**

第十四条　授予品种权的植物新品种应当具备新颖性。新颖性，是指申请品种权的植物新品种在申请日前该品种繁殖材料未被销售，或者经育种者许可，在中国境内销售该品种繁殖材料未超过1年；在中国境外销售藤本植物、林木、果树和观赏树木品种繁殖材料未超过6年，销售其他植物品种繁殖材料未超过4年。	**第十五条**　授予品种权的植物新品种应当具备新颖性。新颖性，是指申请品种权的植物新品种在申请日前该品种繁殖材料或者收获材料未被销售，或者经育种者许可，在中国境内销售该品种繁殖材料或者收获材料未超过1年；在中国境外销售木本、藤本植物品种繁殖材料或者收获材料未超过6年，销售其他植物品种繁殖材料或者收获材料未超过4年。 本条例施行后新列入国家植物品种保护名录的植物的属或者种，从名录公布之日起1年内提出品种权申请的，在境内销售该品种繁殖材料或者收获材料未超过4年的，具备新颖性。
第十五条　授予品种权的植物新品种应当具备特异性。特异性，是指申请品种权的植物新品种应当明显区别于在递交申请以前已知的植物品种。	**第十六条**　授予品种权的植物新品种应当具备特异性。特异性，是指一个植物品种有一个以上性状明显区别于已知品种。
第十六条　授予品种权的植物新品种应当具备一致性。一致性，是指申请品种权的植物新品种经过繁殖，除可以预见的变异外，其相关的特征或者特性一致。	**第十七条**　授予品种权的植物新品种应当具备一致性。一致性，是指一个植物品种的特性除可预期的自然变异外，群体内个体间相关的特征或者特性表现一致。
第十七条　授予品种权的植物新品种应当具备稳定性。稳定性，是指申请品种权的植物新品种经过反复繁殖后或者在特定繁殖周期结束时，其相关的特征或者特性保持不变。	**第十八条**　授予品种权的植物新品种应当具备稳定性。稳定性，是指一个植物品种经过反复繁殖后或者在特定繁殖周期结束时，其主要性状保持不变。

第十八条 授予品种权的植物新品种应当具备适当的名称，并与相同或者相近的植物属或者种中已知品种的名称相区别。该名称经注册登记后即为该植物新品种的通用名称。 下列名称不得用于品种命名： （一）仅以数字组成的； （二）违反社会公德的； （三）对植物新品种的特征、特性或者育种者的身份等容易引起误解的。	**第十九条** 授予品种权的植物新品种应当具备适当的名称，并与相同或者相近的植物属或者种中已知品种的名称相区别。该名称经注册登记后即为该植物新品种的通用名称。不论授权品种的保护期是否届满，销售该授权品种应当使用其注册登记的名称。 下列名称不得用于品种命名： （一）仅以数字表示的； （二）违反社会公德的； （三）对植物新品种的特征、特性或者育种者身份等容易引起误解的； （四）其他法律法规规定禁止使用的名称等。
第四章　品种权的申请和受理	**第四章　品种权的申请和受理**
第十九条 中国的单位和个人申请品种权的，可以直接或者委托代理机构向审批机关提出申请。 中国的单位和个人申请品种权的植物新品种涉及国家安全或者重大利益需要保密的，应当按照国家有关规定办理。	第二十条 中国的单位和个人申请品种权的，可以直接或者委托代理机构向审批机关提出申请。 中国的单位和个人申请品种权的植物新品种涉及国家安全或者重大利益需要保密的，应当按照国家有关规定办理。
	第二十一条 审批机关应当加强植物新品种保护技术研究和宣传培训，健全植物新品种测试体系，完善繁殖材料保藏管理，开展国际交流和合作。
第二十条 外国人、外国企业或者外国其他组织在中国申请品种权的，应当按其所属国和中华人民共和国签订的协议或者共同参加的国际条约办理，或者根据互惠原则，依照本条例办理。	第二十二条 外国人、外国企业或者外国其他组织在中国申请品种权的，应当按其所属国和中华人民共和国签订的协议或者共同参加的国际条约办理，或者根据互惠原则，依照本条例办理。

第二十一条 申请品种权的，应当向审批机关提交符合规定格式要求的请求书、说明书和该品种的照片。 申请文件应当使用中文书写。	**第二十三条** 申请品种权的，应当向审批机关提交符合规定格式要求的请求书、说明书和该品种的照片。 申请文件应当使用中文书写。
第二十二条 审批机关收到品种权申请文件之日为申请日；申请文件是邮寄的，以寄出的邮戳日为申请日。	**第二十四条** 审批机关收到品种权申请文件之日为申请日；申请文件是邮寄的，以寄出的邮戳日为申请日。
第二十三条 申请人自在外国第一次提出品种权申请之日起12个月内，又在中国就该植物新品种提出品种权申请的，依照该外国同中华人民共和国签订的协议或者共同参加的国际条约，或者根据相互承认优先权的原则，可以享有优先权。 申请人要求优先权的，应当在申请时提出书面说明，并在3个月内提交经原受理机关确认的第一次提出的品种权申请文件的副本；未依照本条例规定提出书面说明或者提交申请文件副本的，视为未要求优先权。	**第二十五条** 申请人自在外国第一次提出品种权申请之日起12个月内，又在中国就该植物新品种提出品种权申请的，依照该外国同中华人民共和国签订的协议或者共同参加的国际条约，或者根据相互承认优先权的原则，可以享有优先权。 申请人要求优先权的，应当在申请时提出书面说明，并在3个月内提交经原受理机关确认的第一次提出的品种权申请文件的副本；未依照本条例规定提出书面说明或者提交申请文件副本的，视为未要求优先权。
第二十四条 对符合本条例第二十一条规定的品种权申请，审批机关应当予以受理，明确申请日、给予申请号，并自收到申请之日起1个月内通知申请人缴纳申请费。 对不符合或者经修改仍不符合本条例第二十一条规定的品种权申请，审批机关不予受理，并通知申请人。	**第二十六条** 对符合本条例**第二十三条**规定的品种权申请，审批机关应当予以受理，明确申请日、给予申请号，并自收到申请之日起1个月内通知申请人缴纳申请费。 对不符合或者经修改仍不符合本条例**第二十三条**规定的品种权申请，审批机关不予受理，并通知申请人。
第二十五条 申请人可以在品种权授予前修改或者撤回品种权申请。	**第二十七条** 申请人可以在品种权授予前修改或者撤回品种权申请。
第二十六条 中国的单位或者个人将国内培育的植物新品种向国外申请品种权的，应当向省级人民政府农业、林业行政部门登记。	**第二十八条** 中国的单位或者个人将国内培育的植物新品种向国外申请品种权的，应当向省级人民政府农业农村、林业草原主管部门登记。

第五章　品种权的审查与批准	第五章　品种权的审查与批准
第二十七条　申请人缴纳申请费后，审批机关对品种权申请的下列内容进行初步审查： （一）是否属于植物品种保护名录列举的植物属或者种的范围； （二）是否符合本条例第二十条的规定； （三）是否符合新颖性的规定； （四）植物新品种的命名是否适当。	**第二十九条**　申请人缴纳申请费后，审批机关对品种权申请的下列内容进行初步审查： （一）是否属于植物品种保护名录列举的植物属或者种的范围； （二）是否符合本条例第二十二条的规定； （三）是否符合新颖性的规定； （四）植物新品种的命名是否适当。
第二十八条　审批机关应当自受理品种权申请之日起6个月内完成初步审查。对经初步审查合格的品种权申请，审批机关予以公告，并通知申请人在3个月内缴纳审查费。 对经初步审查不合格的品种权申请，审批机关应当通知申请人在3个月内陈述意见或者予以修正；逾期未答复或者修正后仍然不合格的，驳回申请。	**第三十条**　审批机关应当自受理品种权申请之日起6个月内完成初步审查。对经初步审查合格的品种权申请，审批机关予以公告，并通知申请人在3个月内缴纳审查费。 对经初步审查不合格的品种权申请，审批机关应当通知申请人在3个月内陈述意见或者予以修正。逾期未答复的，**视为撤回申请**；修正后仍然不合格的，驳回申请。
第二十九条　申请人按照规定缴纳审查费后，审批机关对品种权申请的特异性、一致性和稳定性进行实质审查。 申请人未按照规定缴纳审查费的，品种权申请视为撤回。	**第三十一条**　申请人按照规定缴纳审查费后，审批机关对品种权申请的特异性、一致性和稳定性进行实质审查。 申请人未按照规定缴纳审查费的，品种权申请视为撤回。
第三十条　审批机关主要依据申请文件和其他有关书面材料进行实质审查。审批机关认为必要时，可以委托指定的测试机构进行测试或者考察业已完成的种植或者其他试验的结果。 因审查需要，申请人应当根据审批机关的要求提供必要的资料和该植物新品种的繁殖材料。	**第三十二条**　审批机关主要依据申请文件和其他有关书面材料进行实质审查。审批机关认为必要时，可以委托指定的测试机构进行测试或者考察业已完成的种植或者其他试验的结果。 **申请品种相关性状有明确关联基因的，可以依据基因差异进行特异性审查。** 因审查需要，申请人应当根据审批机关的要求提供必要的资料和该植物新品种的繁殖材料。

第三十一条 对经实质审查符合本条例规定的品种权申请，审批机关应当作出授予品种权的决定，颁发品种权证书，并予以登记和公告。 对经实质审查不符合本条例规定的品种权申请，审批机关予以驳回，并通知申请人。	**第三十三条** 对经实质审查符合本条例规定的品种权申请，审批机关应当作出授予品种权的决定，颁发品种权证书，并予以登记和公告。 对经实质审查不符合本条例规定的品种权申请，审批机关予以驳回，并通知申请人。
第三十二条 审批机关设立植物新品种复审委员会。 对审批机关驳回品种权申请的决定不服的，申请人可以自收到通知之日起3个月内，向植物新品种复审委员会请求复审。植物新品种复审委员会应当自收到复审请求书之日起6个月内作出决定，并通知申请人。 申请人对植物新品种复审委员会的决定不服的，可以自接到通知之日起15日内向人民法院提起诉讼。	**第三十四条** 审批机关设立植物新品种复审委员会（以下称复审委员会）。 对驳回品种权申请的决定不服的，申请人可以自收到通知之日起3个月内，向复审委员会请求复审。复审委员会应当自收到复审请求书之日起6个月内作出决定，并通知申请人。**依法需要测试鉴定的时间不计算在规定的审查期限内。** 申请人对复审委员会的**复审**决定不服的，可以自接到通知之日起15日内向人民法院提起诉讼。
第三十三条 品种权被授予后，在自初步审查合格公告之日起至被授予品种权之日止的期间，未经申请人许可，为商业目的生产或者销售该授权品种的繁殖材料的单位和个人，品种权人享有追偿的权利。	**第三十五条** 品种权被授予后，在自初步审查合格公告之日起至被授予品种权之日止的期间，**任何单位或者个人违反本条例第七条规定的**，品种权人享有追偿的权利。
第六章 期限、终止和无效	**第六章 期限、终止和无效**
第三十四条 品种权的保护期限，自授权之日起，藤本植物、林木、果树和观赏树木为20年，其他植物为15年。	**第三十六条** 品种权的保护期限，自授权之日起，木本、藤本植物为25年，其他植物为20年。
第三十五条 品种权人应当自被授予品种权的当年开始缴纳年费，并且按照审批机关的要求提供用于检测的该授权品种的繁殖材料。	**第三十七条** 品种权人应当自被授予品种权的当年开始缴纳年费，并且按照审批机关的要求提供用于检测的该授权品种的繁殖材料。

	第三十八条：当事人因不可抗力而耽误《条例》规定的期限或者审批机关指定的期限导致其权利丧失的，自障碍消除之日起2个月内，最迟自期限届满之日起2年内，可以向审批机关说明理由，并附具有关证明文件，请求恢复其权利。 当事人因正当理由而耽误《条例》规定的期限或者审批机关指定的期限，造成其权利丧失的，可以自收到通知之日起2个月内向保护办公室说明理由，请求恢复其权利。 当事人请求延长审批机关指定期限的，应当在期限届满前，向审批机关说明理由并办理有关手续。 本条第一款和第二款的规定不适用《条例》第十五条、第二十五条、第三十四条第二、三款、第三十六条、第四十条第二款规定的期限。
第三十六条　有下列情形之一的，品种权在其保护期限届满前终止： （一）品种权人以书面声明放弃品种权的； （二）品种权人未按照规定缴纳年费的； （三）品种权人未按照审批机关的要求提供检测所需的该授权品种的繁殖材料的； （四）经检测该授权品种不再符合被授予品种权时的特征和特性的。 品种权的终止，由审批机关登记和公告。	**第三十九条**　有下列情形之一的，品种权在其保护期限届满前终止： （一）品种权人以书面声明放弃品种权的； （二）品种权人未按照规定缴纳年费的； （三）品种权人未按照审批机关的要求提供测试或检测所需的该授权品种的繁殖材料的； （四）经检测该授权品种不再符合被授予品种权时的特征和特性的； （五）授权品种名称不符合规定的，在指定期限内未予以更名的； （六）其他导致品种权终止的情形。 品种权的终止，由审批机关登记和公告。

第三十七条　自审批机关公告授予品种权之日起，植物新品种复审委员会可以依据职权或者依据任何单位或者个人的书面请求，对不符合本条例第十四条、第十五条、第十六条和第十七条规定的，宣告品种权无效；对不符合本条例第十八条规定的，予以更名。宣告品种权无效或者更名的决定，由审批机关登记和公告，并通知当事人。 对植物新品种复审委员会的决定不服的，可以自收到通知之日起3个月内向人民法院提起诉讼。	**第四十条**　自授予品种权之日起，复审委员会可以依据职权或者依据任何单位或者个人的书面请求，对不符合本条例第十五条至第十八条规定的，宣告品种权无效；对不符合本条例第十九条规定的，予以更名。宣告品种权无效或者更名的决定，由审批机关登记和公布，并由复审委员会通知当事人。 当事人对复审委员会无效宣告或更名决定不服的，可以自收到通知之日起3个月内向人民法院提起诉讼。 复审具体规定由审批机关制定并发布。
第三十八条　被宣告无效的品种权视为自始不存在。 宣告品种权无效的决定，对在宣告前人民法院作出并已执行的植物新品种侵权的判决、裁定，省级以上人民政府农业、林业行政部门作出并已执行的植物新品种侵权处理决定，以及已经履行的植物新品种实施许可合同和植物新品种权转让合同，不具有追溯力；但是，因品种权人的恶意给他人造成损失的，应当给予合理赔偿。 依照前款规定，品种权人或者品种权转让人不向被许可实施人或者受让人返还使用费或者转让费，明显违反公平原则的，品种权人或者品种权转让人应当向被许可实施人或者受让人返还全部或者部分使用费或者转让费。	**第四十一条**　被宣告无效的品种权视为自始不存在。 宣告品种权无效的决定，对在宣告前人民法院作出并已执行的植物新品种侵权的判决、裁定，县级以上人民政府农业农村、林业草原主管部门作出并已执行的植物新品种侵权处理决定，以及已经履行的品种权实施许可合同和品种权转让合同，不具有追溯力。但是，因品种权人的恶意给他人造成损失的，应当给予合理赔偿。 依照前款规定不返还植物新品种侵权赔偿金、品种权使用费、品种权转让费，明显违反公平原则的，应当全部或者部分返还。

第七章　罚则	第七章　罚则
第三十九条　未经品种权人许可，以商业目的生产或者销售授权品种的繁殖材料的，品种权人或者利害关系人可以请求省级以上人民政府农业、林业行政部门依据各自的职权进行处理，也可以直接向人民法院提起诉讼。 省级以上人民政府农业、林业行政部门依据各自的职权，根据当事人自愿的原则，对侵权所造成的损害赔偿可以进行调解。调解达成协议的，当事人应当履行；调解未达成协议的，品种权人或者利害关系人可以依照民事诉讼程序向人民法院提起诉讼。 省级以上人民政府农业、林业行政部门依据各自的职权处理品种权侵权案件时，为维护社会公共利益，可以责令侵权人停止侵权行为，没收违法所得和植物品种繁殖材料；货值金额5万元以上的，可处货值金额1倍以上5倍以下的罚款；没有货值金额或者货值金额5万元以下的，根据情节轻重，可处25万元以下的罚款。	第四十二条　违反本条例第七条规定的，由当事人协商解决。不愿协商或者协商不成的，品种权人或者利害关系人可以请求县级以上人民政府农业农村、林业草原主管部门依据各自的职权进行处理，也可以申请仲裁或者直接向人民法院提起诉讼。 县级以上人民政府农业农村、林业草原主管部门依据各自的职权，根据当事人自愿的原则，对侵犯品种权所造成的损害赔偿可以进行调解。调解达成协议的，当事人应当履行；当事人不履行协议或者调解未达成协议的，品种权人或者利害关系人可以依法向人民法院提起诉讼。 县级以上人民政府农业农村、林业草原主管部门应请求处理侵犯品种权案件时，为了维护社会公共利益，责令侵权人停止侵权行为，没收违法所得和植物品种繁殖材料、收获材料；货值金额不足5万元的，并处1万元以上25万元以下罚款；货值金额5万元以上的，并处货值金额5倍以上10倍以下罚款。
第四十条　假冒授权品种的，由县级以上人民政府农业、林业行政部门依据各自的职权责令停止假冒行为，没收违法所得和植物品种繁殖材料；货值金额5万元以上的，处货值金额1倍以上5倍以下的罚款；没有货值金额或者货值金额5万元以下的，根据情节轻重，处25万元以下的罚款；情节严重，构成犯罪的，依法追究刑事责任。	第四十三条　假冒授权品种的，由县级以上人民政府农业农村、林业草原主管部门责令停止假冒行为，没收违法所得和植物品种繁殖材料、收获材料；货值金额不足5万元的，并处1万元以上25万元以下罚款；货值金额5万元以上的，并处货值金额5倍以上10倍以下罚款。情节严重，构成犯罪的，依法追究刑事责任。
	第四十四条　县级以上人民政府农业农村、林业草原主管部门可以采用国家规定的快速检测方法对生产经营的繁殖材料或收获材料进行检测，检测结果可以作为行政处罚依据。被检查人对检测结果有异议的，可以申请复检，复检不得采用同一检测方法。因检测结果错误给当事人造成损失的，依法承担赔偿责任。

第四十一条　省级以上人民政府农业、林业行政部门依据各自的职权在查处品种权侵权案件和县级以上人民政府农业、林业行政部门依据各自的职权在查处假冒授权品种案件时，根据需要，可以封存或者扣押与案件有关的植物品种的繁殖材料，查阅、复制或者封存与案件有关的合同、帐册及有关文件。	第四十五条　县级以上人民政府农业农村、林业草原主管部门在查处品种权侵权案件和假冒授权品种案件时，根据需要可以采取下列措施： （一）进入生产经营场所进行现场检查； （二）对植物品种的繁殖材料、收获材料进行取样测试、试验或者检验； （三）查阅、复制有关合同、票据、账簿、生产经营档案及其他有关资料； （四）查封、扣押有证据证明是品种权侵权或假冒授权品种的植物品种繁殖材料、收获材料，以及用于生产经营侵权品种或假冒授权品种的工具、设备及运输工具等； （五）查封从事品种权侵权或假冒授权品种活动的场所。 县级以上人民政府农业农村、林业草原主管部门依法行使前款规定的职权时，当事人应当予以协助、配合，不得拒绝、阻挠。
第四十二条　销售授权品种未使用其注册登记的名称的，由县级以上人民政府农业、林业行政部门依据各自的职权责令限期改正，可以处1000元以下的罚款。	删除
第四十三条　当事人就植物新品种的申请权和品种权的权属发生争议的，可以向人民法院提起诉讼。	第四十六条　当事人就品种权的申请权和品种权的权属发生争议的，可以向人民法院提起诉讼。
	第四十七条　当事人不知道也不应当知道是侵权品种的繁殖材料、收获材料，并且能够证明有合法来源的，县级以上人民政府农业农村、林业草原主管部门应当责令停止侵权，可以依法免除或者减轻处罚。

第四十四条　县级以上人民政府农业、林业行政部门的及有关部门的工作人员滥用职权、玩忽职守、徇私舞弊、索贿受贿，构成犯罪的，依法追究刑事责任；尚不构成犯罪的，依法给予行政处分。	**第四十八条**　县级以上人民政府农业**农村**、林业**草原主管**部门及有关部门工作人员滥用职权、玩忽职守、徇私舞弊、索贿受贿，构成犯罪的，依法追究刑事责任；尚不构成犯罪的，依法给予行政处分。
	第四十九条　在申请过程中存在欺骗、隐瞒、伪造等不诚信行为的，审批机关依法纳入信用记录，并向社会公布。相关申请人和责任人3年内不得申请品种权，造成损失的，依法承担赔偿责任。 **因申请人或者品种权人不按本条例第十一条、第二十八条的规定登记，造成损失的，依法承担相应的赔偿责任。**
第八章　附则	**第八章　附则**
第四十五条　审批机关可以对本条例施行前首批列入植物品种保护名录的和本条例施行后新列入植物品种保护名录的植物属或者种的新颖性要求作出变通性规定。	**调整至第十五条**
	第五十条　本条例下列用语的含义是： **（一）繁殖材料是指用于繁殖的种植材料，包括籽粒、果实、根、茎、苗、芽、叶、花等；** **（二）收获材料是指从品种的繁殖材料经过种植后获得的植物整体或者部分；** **（三）本条例所称的农民是指以家庭联产承包责任制的形式签订农村土地承包合同的农村集体经济组织成员。**
第四十六条　本条例自1997年10月1日起施行。	**第五十一条**　本条例自　　年　月　日起施行。

附件2

关于《中华人民共和国植物新品种保护条例（修订征求意见稿）》的起草说明

一、修订的必要性

（一）**中央有部署**。党中央、国务院高度重视种业知识产权保护工作。习近平总书记多次强调，要下决心把民族种业搞上去，抓紧培育具有自主知识产权的优良品种，从源头上保障国家粮食安全。今年3月习近平总书记在全国政协联组会上指出，要健全品种审定和知识产权保护制度，以创新链建设为抓手推动我国种业高质量发展。2021年7月，中央深改委审议通过种业振兴行动方案，明确提出加强知识产权保护，推行全链条、全流程监管，对假冒伪劣、套牌侵权等突出问题要重拳出击，让侵权者付出沉重代价，并把《植物新品种保护条例》（以下简称"条例"）修订作为市场净化行动的重要工作内容。这些为修订条例指明了方向，提供了基本遵循。

（二）**国家有要求**。植物新品种权作为种业领域最重要的知识产权，是知识产权强国建设的重要任务之一。为落实中央种业振兴决策部署，2021年12月，全国人大常委会审议通过了修改种子法的决定，修订内容重点扩展了植物新品种保护的环节和范围，建立了实质性派生品种（EDV）制度，健全了侵权损害赔偿制度，并明确了EDV制度的实施步骤和办法由国务院规定。根据立法法有关要求，法律规定明确要求有关国家机关对专门事项作出配套的具体规定的，有关国家机关应当自法律施行后加快作出规定。条例作为种子法配套法规亟需修订，进一步细化落实新种子法的要求。

（三）**业界有需求**。我国1997年颁布植物新品种保护条例，建立植物新品种保护制度，1999年加入国际植物新品种保护联盟（UPOV），2015年种子法增设植物新品种保护专章。目前已发布19批农林业植物新品种保护名录，截至2021年全国累计申请植物新品种权5.8万件，授权2.2万件。但我国植物新品种保护是基于UPOV公约1978年文本，保护水平不高，特别是对原始创新保护力度不够，多是模仿育种、修饰改良，品种同质化问题突出，业界期盼借鉴发达国家普遍使用的UPOV公约1991年文本，提高植物新品种保护水平。随着我国知识产权战略、创新驱动发展战略深入实施，条例部分条款已不能适应新形势、新要求，迫切需要从制度上提高植物新品种保护水平，加快推进种业自主创新和原始创新，实现种源自主可控，确保国家粮食安全。

二、修订的总体思路

以习近平新时代中国特色社会主义思想为指导，深入贯彻党中央、国务院关于知识产权强国建设和种业振兴的决策部署，立足新发展阶段，贯彻新发展理念，构建新发展格局，推动高质量发展，全面衔接落实新修改种子法，打通植物新品种权创造、运用、保护、管理和服务全链条，更大力度加强植物新品种权保护，提升种业国际交流合作水平，为加快实现种业振兴提供有力的制度保障。

三、修订的主要内容

现行条例共分为八章、四十六条。《中华人民共和国植物新品种保护条例（修订征求意见稿)》(以下简称“征求意见稿”)为八章、五十一条。其中保留原条款十一条，修改三十二条，新增八条，删除一条。主要修改内容如下：

（一）**对EDV制度实施步骤和办法作出规定**。与种子法第二十八条衔接，征求意见稿规定由国务院农业农村、林业草原主管部门以名录形式发布EDV实施范围、发布EDV判定指南、明确鉴定机构条件和能力、成立专家委员会提供专业咨询。

（二）**扩大保护范围及保护环节**。与种子法保持一致，征求意见稿将保护范围由授权品种的繁殖材料延伸到收获材料，将保护环节由生产、繁殖、销售三个环节扩展到生产、繁殖、为繁殖进行的种子处理、许诺销售、销售、进口、出口、储存等八个环节。

（三）**延长保护期限**。目前国际上多数国家对草本植物品种保护期限在25年左右，借鉴国际通行做法，结合我国国情种情，征求意见稿对品种权保护期限适当延长，木本、藤本植物由20年延长到25年，其他植物由15年延长到20年，既能体现加大保护力度，也有利于逐步与国际接轨。

（四）**完善侵权假冒案件处理措施**。与种子法相衔接，征求意见稿提高了对侵害植物新品种权行为的罚款数额；规定了县级以上人民政府农业农村、林业草原主管部门可以采取五种措施，查处品种权侵权案件和假冒授权品种案件；增加了侵权人合法来源抗辩条款，与《最高人民法院关于审理侵害植物新品种权纠纷案件具体应用法律问题的若干规定(二)》相衔接，切实保护种子市场正常交易。

（五）**明确权利恢复的情形**。征求意见稿增加了当事人因不可抗力因素，或者有正当理由而超出规定期限导致其权利丧失的情形下请求恢复其权利的条款，同时还增加了当事人请求延长规定期限的有关内容。

（六）**增加对不诚信行为处罚的规定**。为提高申请人的诚信意识和诚信素质，征求意见稿规定，在申请过程中存在欺骗、隐瞒、伪造等不诚信行为的，依法纳入信用记录，并向社会公布；相关申请人和责任人3年内不得申请品种权，造成损失的，依法承担赔偿责任。

（七）**建立植物新品种保护专业队伍**。落实《关于强化知识产权保护的意见》《知识产权强国建设纲要（2021—2035年)》中关于加强专业人才队伍建设和提高服务水平的精神，鼓励建立品种权申请、维权咨询、技术鉴定、价值评估和转化利用等专业队伍。

图书在版编目（CIP）数据

2022年农业植物新品种保护发展报告／农业部植物新品种保护办公室，农业农村部科技发展中心编．—北京：中国农业出版社，2023.12

ISBN 978-7-109-31644-7

Ⅰ.①2… Ⅱ.①农… ②农… Ⅲ.①作物－品种－知识产权保护－研究报告－中国－2022 Ⅳ.①D923.404

中国国家版本馆CIP数据核字（2023）第248980号

中国农业出版社出版

地址：北京市朝阳区麦子店街18号楼

邮编：100125

责任编辑：李昕昱

版式设计：王　怡　　责任校对：吴丽婷　　责任印制：王　宏

印刷：北京通州皇家印刷厂

版次：2023年12月第1版

印次：2023年12月北京第1次印刷

发行：新华书店北京发行所

开本：889mm×1194mm　1/16

印张：6.25

字数：140千字

定价：88.00元